MW01259104

Antiguo Egipto

Una guía fascinante de la historia de Egipto, antiguas pirámides, templos, mitología egipcia y faraones como Tutankamón y Cleopatra

Contenidos

Introducción

Cuando pensamos en el antiguo Egipto, las primeras cosas que se cruzan por nuestra mente son momias y pirámides, así como la misteriosa muerte de Tutankamón. Pero eso es solo un comienzo. Hay muchas cosas más fascinantes por descubrir y explorar. Año tras año, se descubren en las nuevas excavaciones artefactos increíbles, como objetos de arcilla que aún muestran las huellas dactilares de antiguos artesanos. Otros artículos nos ayudan a identificar las enfermedades particulares que sufrió un individuo antes de que se momificara. Muchas pequeñas pistas perspicaces nos ayudan a conocer a los antiguos egipcios: su vida cotidiana, sus impulsos y motivaciones, emociones y debilidades que son como las nuestras.

Numerosos textos que se han descubierto nos ayudan a comprender cómo vivían el rey, los sacerdotes y la gente común y en qué creían. Todos ellos construyeron una civilización increíble. Sus generales lucharon numerosas batallas. Sus sacerdotes honraron un panteón de casi 1000 dioses. Sus reyes crearon grandes maravillas arquitectónicas: pirámides y una variedad de palacios, templos, aldeas y tumbas arcanas.

El Imperio egipcio antiguo duró 3000 años. Al igual que muchos reinos soberanos, surgió de las ruinas que habían quedado después de los enfrentamientos de diversas fuerzas que controlaban territorios fragmentados, y se convirtió en una nación que transformó el norte de África y el mundo circundante. El antiguo Egipto se convirtió gradualmente en un epicentro cultural, en el que la ciencia y la magia existían completamente interconectadas. Las alturas del logro humano en esas épocas de oro son comparables a las de las antiguas sociedades griegas y romanas cuando se encontraban en auge.

Todos esos logros ocurrieron durante un largo período. Mucho antes de que asirios, persas, griegos y romanos invadieran el país, los egipcios se alzaron y cayeron completamente solos. Existen tres eras principales en la línea de tiempo del antiguo Egipto: el Reino Antiguo, el Reino Medio y el Reino Nuevo. Los monumentos icónicos que han persistido durante milenios fueron construidos durante el Imperio antiguo. Ese fue el momento del despertar cultural y la construcción colosal. El Reino Medio fue el período en el que una nación entera se unió y se restableció. El Reino Nuevo fue el momento de la expansión agresiva y el avance cultural.

En lugar de ser simplemente una era de triunfo y expansión militar, el período en que los egipcios sacudieron al mundo fue también un momento de gran innovación. Desarrollaron una de las primeras lenguas escritas (junto con Mesopotamia), inventaron el papiro siglos antes de que los chinos hicieran papel, y originaron la estructura básica del calendario que todavía usamos hoy en día. Además, los antiguos egipcios formularon formas tempranas de cosméticos, incluido el maquillaje de ojos y mentas para el aliento.

Siendo una de las civilizaciones más fascinantes y sofisticadas en la historia conocida, los antiguos egipcios son recordados por sus dioses, pirámides, faraones, momificación, jeroglíficos, agricultura y muchas otras cosas. Este libro revela los secretos del interesante mundo del antiguo Egipto y las intrigantes historias de sus celebridades, como Akenatón, Ramsés el Grande, la Reina Cleopatra y el niño rey Tut. Aprenderá sobre los poderosos dioses y el vínculo mágico entre el Sol y la gente de Egipto, y explorará los horrendos rituales funerarios que justificaron un camino seguro hacia la otra vida. Descubra los secretos de una de las sociedades más magníficas que hayan existido y descubra por qué todavía logra captar la atención del mundo.

Cronología

Es casi imposible establecer fechas específicas de las eras, reinados, batallas o ceremonias. Los egipcios no usaban un sistema de fechas centralizado. En cambio, se refirieron a las fechas en los años de reinado de un rey (por ejemplo, el año 3 de Ramsés III o el año 12 de Akenatón), lo cual todavía produce confusión y discrepancias entre las diferentes fuentes históricas.

En el siglo III a.C., el historiador y sacerdote egipcio Manetho inventó el sistema dinástico que, con algunas modificaciones, usamos todavía hoy. Él dividió a los reyes egipcios en 31 dinastías, los agrupó en tres reinos y tres períodos 'intermedios' entre ellos.

- Período dinástico temprano: dinastía 0-2, alrededor de 3150-2686 a.C.
- Reino Antiguo: dinastías 3a a 6a, alrededor de 2686-2181 a.C.
- Primer período intermedio: dinastías 7a a 10a, alrededor del 2181-2040 a.C.
- Reino Medio: dinastías 11a a 12a, alrededor de 2040-1782 a.C.
- Segundo período intermedio: dinastías 13a a 17a, alrededor 1782-1570 a.C.
- El Reino Nuevo: dinastías 18a a 20a, alrededor de 1570-1070 a.C.
- Tercer período intermedio: dinastías 21a a 26a, alrededor de 1080-525 a.C.
- Período tardío: dinastías 27a a 30a, alrededor de 525-332 a.C.
  [1]

Los reinos y las dinastías del antiguo Egipto: un magnífico imperio y el lado oscuro

La escritura y la realeza fueron dos poderosos signos de progreso que hicieron posible la civilización faraónica y la distinguieron de otras culturas antiguas. Los artefactos espectaculares y el abundante registro escrito sobre las vidas, las muertes y el poder de los faraones egipcios dominan nuestra visión de su historia. Conocemos sus increíbles obras de arte y logros culturales. Sin embargo, a pesar de las numerosas fuentes escritas y de otras evidencias, todavía sabemos muy poco sobre la vida cotidiana de los ciudadanos comunes. Es por eso que el renombrado egiptólogo contemporáneo Tobi Wilkinson señala que el antiguo Egipto tenía un lado más oscuro. Hay muchas pruebas del lado siniestro de la civilización faraónica. Desde los sacrificios humanos en la Primera Dinastía hasta la revuelta de los campesinos bajo los ptolomeos, el antiguo Egipto era una cultura en la que la relación entre el monarca y su pueblo se basaba en la opresión y el terror, no en el amor y la admiración. El poder del rey era absoluto y la vida humana era barata.

Los primeros soberanos en el Valle de los Reyes aprendieron rápidamente a utilizar y a abusar del notable poder de la ideología, así como de la iconografía, su contraparte visual. Lograron unir diferentes grupos y comunidades y vincularlos en lealtad al faraón y su imperio. Los primeros reyes inventaron y utilizaron las herramientas de liderazgo que todavía se usan en las sociedades modernas. Los sistemas elaborados de símbolos y las apariciones públicas planeadas apropiadamente, ayudaron a aislar al gobernante de las masas. Las ceremonias espectaculares, en ocasiones formales, sirvieron para fortalecer los lazos de lealtad. El entusiasmo patriótico se expresaba regularmente, tanto oral como visualmente. Esos medios fueron apoyados por otros, estrategias menos benignas para mantener su control sobre el poder. La fuerza de un rey aumentaba con la propaganda política, lo que reforzaba una ideología de xenofobia. La población era vigilada de cerca y la disidencia era brutalmente reprimida.

Los antiguos egipcios concibieron la noción del estado-nación que aún domina el mundo. El concepto de los egipcios fue extraordinario, tanto por su impacto como por su longevidad: el estado faraónico, tal como se formó originalmente, duró tres mil años. Tenga en cuenta que Roma apenas sobrevivió mil años, mientras que la cultura occidental aún tuvo que pasar por dos mil más.

Capítulo 1 - ¿Quiénes eran los antiguos egipcios? Sus orígenes, historia y geografía

El Nilo

La entidad más importante que hizo posible la antigua civilización egipcia fue el Nilo. El río hizo posible la vida y el desarrollo en un desierto del norte de África que, de otro modo, sería árido y desolado. Es por eso que el antiguo Egipto también se conoce como el valle del Nilo. Debido a que el Nilo fluye de sur a norte, la parte sur del país se llama intuitivamente Alto Egipto, y la parte norte se llama Bajo Egipto. Entre julio y octubre de cada año, el Nilo se inundaba. La tierra en ambas orillas estaba cubierta de agua que luego retrocedía, dejando la tierra cubierta con un sedimento negro muy fértil. Los egipcios llamaron a su país La Tierra Negra o Kemet. El delta (el área norte donde el Nilo se divide en múltiples canales que conducen al Mediterráneo) era extraordinariamente fértil. Los papiros crecían en gran cantidad allí. La agricultura florecía. Sin embargo, siempre existía el riesgo de que el crecimiento del Nilo fuera excesivo o insuficiente. Ninguno de los dos escenarios era bueno, ya que la pérdida de cosechas provocaba hambruna y muerte.

La gente

El valle del Nilo fue el hogar de numerosos grupos étnicos de diversos orígenes. Antes del 5000 a.C. el valle estaba habitado por varias tribus nómadas, tanto cazadores como recolectores. Luego, un cambio climático importante causó la desecación del área alrededor de lo que se convertiría en el antiguo Imperio de Egipto. La sequía afectó a las poblaciones de animales grandes y tuvo un impacto aún mayor en las vidas de las personas, que todavía tenían que encontrar comida y agua dulce. Debido a todo esto, las tribus se unieron desde diferentes direcciones y se establecieron en el valle del Nilo, creando una sociedad completamente nueva. La cultura egipcia surgió de esta gama de comunidades e idiomas diversos.

El desarrollo de la sociedad egipcia

Las primeras comunidades asentadas lideraron el estilo de vida badariense. Estos seminómadas pastorales experimentaron numerosos desafíos durante siglos, pero las cosas realmente comenzaron a acelerarse cuando todos tuvieron que unirse a lo largo del valle del Nilo. La abundancia de recursos creó un interés para la mejora personal, y comenzó a surgir una estratificación gradual de la sociedad. La gente se había convertido en líderes y seguidores; surgió una pequeña clase dominante y comenzó a liderar un grupo mucho más grande de sujetos. Los ricos se hicieron más ricos y comenzaron a financiar una clase completamente nueva: artesanos especializados. Estos profesionales desarrollaron nuevas tecnologías y productos para sus clientes. Solo los ricos tenían acceso a estos artículos de prestigio, así como a otros bienes y materiales.

Los cambios económicos, culturales y políticos fueron inevitables. El grupo de comunidades alrededor del valle del Nilo se había transformado en una sociedad compleja. El siguiente paso fue el de la creación del Reino.

Reino Unificado - El Legado del Rey Narmer

El secado final de los desiertos alrededor de 3600 provocó un aumento repentino de la población en todo el valle. La producción de alimentos se intensificó y la urbanización se aceleró. Los recursos se hicieron escasos y la competencia se hizo más sustancial, lo que desembocó en el desarrollo de las primeras ciudades amuralladas.

Lo que se convertiría en un gran reino se agrupó en tres conjuntos regionales, con centros en la ciudad de Tjeni (cerca de la moderna Girga), Nubt (moderna Nagada) y Nekhen. Cada uno de ellos tenía su propio gobernante, probablemente un monarca hereditario. Los gobernantes de los tres grupos querían demostrar y mejorar su autoridad a toda costa. Con el tiempo, creció su sed de objetos raros y preciosos. Estos reyes querían poseer oro y piedras preciosas, como el lapislázuli. Debido a esto, florecieron tanto el comercio interno y como el externo. Pero esta no fue la única consecuencia. Los gobernantes de los tres reinos se veían como rivales y el conflicto era inevitable.

Los gobernantes de Tjeni tenían una gran ventaja, ya que controlaban dos tercios del territorio de Egipto. Además, tenían acceso a puertos locales y establecieron comercio con el Cercano Oriente. Después de casi dos siglos de antagonismo, el rey Narmer de Tjeni asumió la realeza de un Egipto unificado alrededor de 2950 a.C. Comisionó una impresionante paleta ceremonial, la famosa Paleta Narmer, decorada con las escenas de su triunfo, y la dedicó al templo en Nekhen, donde permaneció hasta su recuperación del lodo casi cinco milenios después.

Narmer se convirtió en el primer rey de la Primera Dinastía, el primer gobernante de un Egipto unido. El famoso artefacto de su época, la Paleta Narmer, revela un notable dominio del tallado en piedra, y muestra un arte sofisticado y una iconografía real.

El Rey Narmer / La paleta de Narmer (Detalle)

Además de revelar el dominio artístico de los antiguos artesanos egipcios, la Paleta Narmer muestra una iconografía emocionante, oscura y misteriosa que vincula el régimen de Narmer con un remoto pasado prehistórico. Criaturas entrelazadas con largos cuellos retorcidos, un toro que aplasta las paredes de una fortaleza enemiga y otras representaciones de las fuerzas de la naturaleza nos dicen mucho sobre la posición que ocupaba un rey en los primeros tiempos de Egipto. El hecho de que los monumentos y artefactos egipcios estén hechos de piedra también es significativo: implica permanencia e inmortalidad. Los monumentos egipcios fueron hechos para durar para siempre.

¿Por qué la iconografía, los monumentos y la palabra escrita eran tan importantes?

La unificación de Egipto fue, en realidad, la creación del primer estado-nación del mundo. Los antiguos egipcios inventaron la nacionalidad, una identidad común y compartida para muchos grupos diferentes de personas. Narmer logró establecer una estructura gubernamental, valores colectivos y un sentido muy distintivo de la identidad egipcia.

Los egipcios inventaron las regalías, como la corona y el cetro, y utilizaron la arquitectura como un símbolo de poder real. A pesar del hecho de que los antiguos egipcios desarrollaron un lenguaje escrito, la gran mayoría de la población era analfabeta. Por eso, la iconografía y la arquitectura fueron extremadamente útiles. Por otro lado, una pequeña clase de personas alfabetizadas podía representar una amenaza para el monarca. Eran altos funcionarios y sus asesores más cercanos, y necesitaba mantenerlos de su lado.

Los jeroglíficos también fueron extremadamente importantes. A pesar de que inicialmente cumplían un propósito completamente mundano -para facilitar el mantenimiento de registros- los antiguos egipcios eran conscientes del alto potencial ideológico de la palabra escrita. Es por eso que dejaron inscripciones que contienen sus nombres, títulos y jerarquía en todas partes.

El rey de las Dos Tierras

Desde Narmer hasta Cleopatra, un gobernante que buscaba ser reconocido como un verdadero rey (o reina) de Egipto tenía que equilibrar y gobernar los opuestos: el Alto y el Bajo Egipto, la tierra negra y roja, el reino de los vivos y el de los muertos. Un verdadero rey de Egipto tenía que manejar los aspectos sagrados y seculares de la vida. Así como él era el jefe de estado, también era un dios en la tierra.

Geografía

El antiguo Egipto estaba dividido en el Alto y el Bajo Egipto, así como en el este y el oeste, con el Nilo como frontera. Las ciudades del período predinástico, como Naqada, Hierakonpolis (Nekhen) y Abydos eran todas capitales en el momento. Sin embargo, durante el Imperio Antiguo, una ciudad se había convertido en la capital administrativa: Memphis. Todos los cementerios reales del Imperio Antiguo, incluidas las pirámides de Giza, se encontraban muy cerca. Mucho más tarde, durante el Nuevo Reino, Tebas (Luxor moderno) se convirtió en la nueva capital. Para ser más precisos, Tebas se convirtió en la capital religiosa, mientras que Memphis permaneció siendo la administrativa, asegurando el control sobre el Alto y el Bajo Egipto.

Capítulo 2 - ¿Quién sostuvo el poder?: la estructura social del antiguo Egipto

La antigua sociedad egipcia estaba muy estratificada y podía estar bien representada como una pirámide, con el rey en la parte superior y la clase trabajadora en la parte inferior. Justo debajo del rey estaban los sacerdotes, seguidos por un grupo un poco más grande de la élite gobernante. La clase trabajadora estaba en la parte inferior e incluía una amplia gama de individuos, desde profesionales altamente cualificados hasta trabajadores agrícolas sin educación. Todos ellos tenían su lugar definido en esta sociedad tan precisamente organizada.

El faraón

Ya fuera un heredero regular o un usurpador del trono, el rey era inmensamente poderoso. Sus roles y funciones, así como sus responsabilidades eran diversos. Él era el sumo sacerdote de todos y cada uno de los templos en el país. El rey también era el jefe del ejército en tiempos de paz y de guerra y un diplomático internacional que firmaba tratados de paz y acuerdos comerciales. Uno de sus papeles era particularmente interesante: el rey servía de intermediario entre la gente y los dioses. Tenía el título de Horus, una encarnación terrenal de la más alta existencia divina. En resumen, un rey egipcio era un dios en sí mismo. Se suponía que podía hablar directamente con otros dioses en nombre del pueblo de Egipto. Una de sus mayores responsabilidades era mantener contentos a los dioses. Esto suponía a veces un inconveniente. Si el pueblo de Egipto estaba afligido por el hambre, la guerra o la enfermedad, significaba que el rey estaba siendo castigado.

Los sacerdotes y la Élite

La posición de un sacerdote garantizaba mucho poder. Los sacerdotes recibían muchos dones y podían llegar a ser increíblemente ricos. Trabajaban para el templo en nombre del rey, asegurándose de que los dioses estuvieran satisfechos y que la gente estuviera a salvo.

Los funcionarios locales también tenían poder. Los *nomarcas*, o alcaldes, estaban a cargo de su provincia o nomo (tal y como se llamaba a las subdivisiones territoriales). Manejaban la economía, el empleo y, en gran medida, influían en las vidas de las personas que vivían en su territorio. Los nomarcas tuvieron un papel crucial en tiempos de guerra. Antes de que el ejército de tiempo completo fuera presentado en el Nuevo Reino, los líderes locales eran responsables de reclutar y entrenar a jóvenes sanos y fuertes de sus nomos para luchar por Egipto o para acompañar al rey en las expediciones. Como el poder militar estaba altamente descentralizado, el rey tuvo que mantener buenas relaciones con los nomarcas. Los mantuvo a su lado a través de regalos y pagos, y se volvieron aún más poderosos en consecuencia.

El segundo hombre más poderoso después del rey era el visir. Sus responsabilidades combinaban las de un secretario de estado y las de un asistente personal. El visir compilaba informes sobre todos los datos importantes para todo el país. Podía hacer muchas cosas en nombre del rey, tanto repartir tierras y bienes ganados en la guerra a los nomarcas u otros funcionarios, como premios por su lealtad. El visir era el jefe de la justicia también. Presidía el tribunal y se ocupaba de las peticiones, crímenes y delitos menores a diario.

El cambio de poder fue común en el antiguo Egipto. Algunas veces el visir, un sacerdote u otro oficial sobrepasaba al rey en el poder. Ramsés XI de la 20ª dinastía fue el sumo sacerdote de Amón antes de terminar en el trono. Además, los sacerdotes de su tiempo tenían más poder que él. El rey Ay de la 18a dinastía fue un visir, y Horemheb fue un general del ejército, al igual que su sucesor, Ramsés I. La desproporción de riqueza y poder es evidente en las tumbas y pirámides que se construyeron al final del Imperio Antiguo. Las pirámides reales son más pequeñas y menos caras que las de los altos funcionarios estatales.

La vida de la gente común

Los restos de varias aldeas, como Deir el Medina, Kahun, Pi-Ramses, Avaris y Amarna proporcionan información valiosa sobre cómo vivían y trabajaban las personas locales. Es interesante saber que todas las casas de los pueblos antiguos estaban llenas de gente. Las casas (o mansiones) de la élite eran el hogar del propietario y su familia, pero también de los empleados, los sirvientes y los administradores. Sin embargo, consistían en muchas salas y corredores, que proporcionaban a los propietarios suficiente privacidad. En las pequeñas casas de la clase trabajadora, por otro lado, la privacidad era imposible. Las parejas tenían hasta 15 niños, y muchas generaciones compartían las mismas viviendas de cuatro habitaciones.

La clase trabajadora era grande y diversa. Desde trabajadores agrícolas que cultivaban la tierra para los ricos y trabajaban esencialmente para sobrevivir, hasta escribas bien remunerados y artesanos privilegiados – los egipcios podían tener una gran cantidad de ocupaciones diferentes.

Educación

No muchos niños egipcios podían elegir una carrera en la antigüedad, pero se preparaban para una desde temprana edad. Era una norma que el hijo mayor de una familia siguiera los pasos del padre y comenzara a aprender agricultura, esculpir o administrar tan pronto como cumpliera los 5 años. Los otros hijos tenían que ser útiles también. Eran entrenados por profesionales en diferentes carreras, y algunos eran bien educados.

La élite, así como los muchachos especialmente talentosos de la clase trabajadora, eran enseñados en escuelas formales de templos y palacios. Algunas de estas escuelas estaban altamente especializadas y solo aceptaban niños de familias con ocupaciones específicas. También había una alternativa local para los niños que no eran aceptados en las escuelas de élite. Los escribas del pueblo a veces enseñaban a los niños locales, así como a sus propios hijos.

Las niñas rara vez eran educadas. No eran aceptadas en las instituciones de educación formal, ya que a las mujeres no se les permitía ocupar cargos administrativos. A algunas de ellas les enseñaban a leer y escribir, principalmente porque eran las hijas de los escribas, pero esto era poco común.

Los niños de cinco años aprendieron lectura, escritura y aritmética. A la edad de 9 años, todos los jóvenes egipcios tenían que elegir su carrera. Un interesante texto llamado la Sátira de Oficios describe diferentes oficios desde una perspectiva negativa, promoviendo las ventajas de la profesión del escriba. Escrito en forma de consejo del escriba Dua-Kheti a su hijo, revela la actitud de la clase de escribas hacia los trabajadores manuales. Sin embargo, todavía sirve como una fuente de información incalculable sobre las carreras que los niños egipcios podían elegir.

Las carreras

Había cuatro categorías principales: trabajo manual, administración, sacerdocio y servicio militar. Todas las carreras se situaban en una de estas categorías. No todos podían ser sacerdotes, pero literalmente todos podían encontrar empleo en la agricultura y la construcción. En el Reino Nuevo, los mejores y más brillantes muchachos de Egipto tenían dos opciones: convertirse en soldado o escriba. La vida de un soldado parecía emocionante y glamurosa para muchos niños. La profesión de escriba, por otro lado, ofrecía una vida acogedora y pacífica sin esfuerzo físico, así como conocimiento, influencia y riqueza. Un escriba exitoso podría incluso convertirse en un visir, y ya hemos visto lo que eso significa. Todo el palacio y sus operaciones internas, la fuerza policial, así como la justicia (el visir actuaba como un juez en nombre del rey) estaban bajo el control del visir. Por supuesto, no todo el mundo podía convertirse en un visir, pero incluso un escriba ordinario lograba vivir bien. La mayoría de las personas eran analfabetas y necesitaban los servicios de un escriba.

El sacerdocio era más una herencia que un llamado, ya que tradicionalmente se transmitía de padre a hijo. El sacerdote era un sirviente de dios. Los sacerdotes no tenían mucho contacto con la población. Su principal responsabilidad era garantizar que las oraciones, las ofrendas y los conjuros se realizaran de forma adecuada.

En el Reino Nuevo, los niños egipcios podían ser entrenados para convertirse en soldados de carrera. Antes de eso, si se necesitaba un ejército, los nomarcas agrupaban a los jóvenes de sus distritos y los reclutaban para la expedición o para la campaña.

Mientras que los artesanos que construían y decoraban las tumbas en el Valle de los Reyes estaban bien pagados y disfrutaban de numerosos beneficios, los trabajadores manuales menos cualificados tenían que trabajar horas completas durante nueve de diez días solo para sobrevivir. Los trabajadores agrícolas no tenían días libres. Además, no tenían tierras. La mayoría de las tierras agrícolas eran propiedad del rey o del templo y se alquilaban a los agricultores, que tenían la obligación de producir las cuotas de granos especificadas. De lo contrario, eran castigados con golpes.

Es importante mencionar que no es cierto que los esclavos trabajaran en la construcción de las pirámides. Esos fueron empleados que recibieron buenas compensaciones y bonos que les permitieron acumular riqueza, así como atención médica. Hay pruebas escritas de que los trabajadores de la construcción y artistas altamente cualificados que se establecieron en Deir el Medina y que estaban a cargo de un gran proyecto en el Valle de los Reyes, podían tomarse tantos días como quisieran, incluso por una razón como la resaca - que fue, sorprendentemente o no, una de las excusas más comunes.

Si bien los agricultores y los trabajadores agrícolas eran los miembros más empobrecidos de la sociedad del antiguo Egipto, su trabajo no era el peor. La peor ocupación, según la Sátira de los Oficios, fue la de un lavandero. En una sociedad impregnada de diferencias altamente marcadas dentro de los profesionales especializados como el antiguo Egipto, existía una demanda de profesionales que se ocuparan de los taparrabos de la gente. Los lavanderos recogían ropa de las casas y la lavaban en el Nilo usando un jabón simple hecho de natrón y lima. Lavar los taparrabos de otros hombres no solo era repugnante, también era físicamente duro y peligroso. La ropa tenía que ser aplastada contra piedras para eliminar las manchas. Para hacerlo aún más difícil, el Nilo era el hogar de gran cantidad de cocodrilos, gusanos parásitos e insectos cuyas picaduras eran potencialmente mortales.

Las mujeres

Las mujeres egipcias disfrutaron de mucha libertad en comparación con la mayoría de las mujeres en otras sociedades antiguas. Podían caminar sin un compañero masculino, y tenían los mismos derechos legales que los hombres de su clase. A pesar de que pasaban la mayor parte del tiempo en casa, podían ganar dinero vendiendo productos que producían, como pan, cerveza, lino, canastas o verduras. Algunas de ellas eran empleadas en hogares privados y ocupaban puestos similares a la función moderna de ama de llaves. Otras trabajaban como parteras, que era una ocupación lucrativa y muy necesaria, teniendo en cuenta el número de niños en cada familia (generalmente entre cinco y quince) o como nodrizas. Algunas de las mujeres egipcias estaban involucradas en el sacerdocio, desempeñando diversos roles en los cultos de diosas como Isis, Neith o Hathor. Entre otros derechos, las mujeres egipcias podían poseer, heredar y legar propiedades. Sin embargo, las mujeres reales no disfrutaban de estas libertades. Estaban confinadas en el harén y a menudo se usaban como peones políticos. Con demasiada frecuencia, se vieron obligadas a casarse con un hermano, el padre, o un anciano visir hambriento de poder (como veremos en uno de los siguientes capítulos) y entablar relaciones que estaban lejos de ser naturales, solo para asegurar que el trono permanece dentro de la familia

Los antiguos egipcios se casaban a muy temprana edad, y se esperaba que todos tuvieran hijos. Las bodas eran informales, y también lo eran los divorcios. Contrariamente a un concepto erróneo popular, los egipcios normalmente no participaban en relaciones incestuosas. Los matrimonios entre hermanos ocurrían ocasionalmente en las familias reales, enteramente por razones políticas.

El cuidado de ancianos era la responsabilidad de sus hijos, especialmente de las hijas. Los niños varones tenían que cuidar a los padres de sus esposas. Sin embargo, algunas personas, como los trabajadores de élite en Deir el Medina y el ejército, recibían una pensión estatal. La edad promedio de fallecimiento era de 35 años, debido a muertes tempranas causadas por enfermedades o lesiones, pero no era inusual llegar a la vejez, incluso para nuestros términos.

Capítulo 3 - Sobre los reyes y su poder militar: una descripción cronológica de reinos, dinastías, faraones y sus logros desde el período pre dinástico hasta el nuevo reino

Los egipcios llevaban registros de sus reyes y sus logros. Estos registros están disponibles en forma de listas de reyes, que nos dan testimonios sobre los nombres y títulos de los faraones, la duración de sus reinados y los eventos principales. Sin embargo, estas listas son selectivas y no contienen todos los faraones. Las fechas son cuestionables también porque los antiguos egipcios no tenían un calendario único.

El período predinástico

Durante el período pre dinástico (desde alrededor de 5000 a.C. hasta alrededor de 3000 a.C.) [4] existieron dos culturas separadas: el Alto y el Bajo Egipto. Desde el punto de vista arqueológico, es interesante que la mayoría de los asentamientos egipcios se encontraban en el Bajo Egipto (que estaba, contrariamente a la lógica común de hoy en día, en el norte), mientras que los cementerios estaban ubicados en el Alto (sur) Egipto. Las culturas de las Dos Tierras fueron una base para la posterior civilización egipcia.

El Rey Narmer (dinastía 0) estableció la civilización egipcia que conocemos hoy. Él unificó numerosas regiones gobernadas localmente usando su poderío militar. Su paleta ceremonial representa la escena de la batalla más antigua documentada en el antiguo Egipto. Sus imágenes -particularmente la imagen del rey con la corona del Alto y el Bajo Egipto- implican que Egipto nunca debería volver a dividirse. Todos los faraones tuvieron que sostener este modelo y gobernar un Egipto unido. El período dinástico temprano comenzó con la primera dinastía y terminó con el final de la segunda dinastía. Poco a poco, el estado se formó por completo, y los faraones comenzaron a construir enormes tumbas subterráneas, llenas de bienes caros.

El viejo reino - La era de las pirámides

Aunque los inicios y el desarrollo temprano de la sociedad egipcia se pueden rastrear hasta el pasado prehistórico del país miles de años antes de las pirámides, los monumentos emblemáticos de la meseta de Giza marcan el primer gran cenit cultural de la cultura faraónica. La ideología de la monarquía divina es lo que define este período. La difusión de la creencia en un emperador con autoridad divina fue el triunfo más importante de los primeros reyes de Egipto. En la conciencia egipcia, esta creencia se convirtió en la única forma aceptable de gobierno, y permaneció así durante los siguientes tres mil años. Es por eso que este tipo de monarquía siguió siendo el sistema político y religioso de mayor duración que el mundo haya visto. El arte, la escritura, la ceremonia y la arquitectura del antiguo Egipto expresaron la creencia en este sistema y proporcionaron tanto la inspiración como la justificación para las colosales tumbas reales.

El Reino Antiguo comenzó con la tercera dinastía (alrededor de 2686 a.C.), y terminó con la sexta (alrededor de 2333 a.C.). Ese fue el momento cuando se construyeron las grandes pirámides. La primera pirámide fue la del rey Djoser de la tercera dinastía. Él construyó la pirámide escalonada en Saqqara. La Gran Pirámide del Rey Khufu en Giza representa la culminación de la evolución de las pirámides. En la quinta dinastía, los Textos de las Pirámides llegaron a ser tan importantes como las pirámides en sí, pero la sexta dinastía vio un declive. Las inundaciones, el hambre y la nobleza cada vez eran más poderosas que los reyes (las tumbas de los nobles son mucho más caras que las de la realeza en la sexta dinastía): todos estos factores marcaron el final del Imperio Antiguo.

El primer período intermedio

El final del Imperio Antiguo fue seguido por un momento de agitación política, llamado el primer período intermedio. Los pobres se rebelaron contra la élite y los gobernantes. Fue un tiempo de anarquía en el que la gente temía por sus vidas. De acuerdo con el *Papiro de Ipuur*, la gente tenía miedo de los miembros de su propia familia. "Un hombre considera a su hijo como su enemigo. [...] El hombre virtuoso va de luto por lo que ha sucedido en la tierra". [5]

Egipto se dividió nuevamente. La administración de la octava dinastía estaba ubicada en la región de Memphite, y su gobierno se limitaba al área local. El resto de Egipto estaba bajo el control de varios líderes insignificantes. Cuando la octava dinastía colapsó, la novena dinastía comenzó su dominio desde Herakleopolis. En un momento dado, esta dinastía recuperó el poder sobre todo Egipto, pero se dividió nuevamente durante la décima y la undécima dinastía, cuando la capital se mudó a Tebas.

El Reino Medio - La Era de las Fortalezas y Expediciones Militares

Mentuhotep I, el cuarto faraón de la 11a dinastía, logró reunir y tomar el control de todo Egipto alrededor de 2100 a.C. Este fue el comienzo del período llamado el Reino Medio. El rey todavía dependía de los gobernadores locales. Necesitaba su ayuda para formar un ejército. El faraón Senwosret III de la 12a dinastía finalmente ganó suficiente poder para levantar un ejército él mismo.

Al igual que el Reino Antiguo es conocido por sus magníficas pirámides, el Imperio Medio tenía sus fortalezas. Este fue un período de expansión militar y aumento del territorio de Egipto. Cada vez que los egipcios se expandían a una nueva área, construían una fortaleza grande e impresionante para que el enemigo supiera que los egipcios planeaban permanecer allí. En la 12a dinastía, el faraón Amenemhat construyó una hilera de fortalezas en el noreste del delta para defender nuevas fronteras. Además, se construyó una fila de 17 fortalezas en Nubia, más allá de las fronteras, para evitar el ingreso de nubios y controlar el comercio de minas de oro y otras actividades en la región. Todas las fortalezas compartían elementos arquitectónicos comunes, como bastiones (soldados habilitados para disparar sobre el enemigo), paredes hechas de adobe, con pasarela en la parte superior (permitía a los soldados patrullar la frontera), zanjas blancas alrededor de las paredes y escaleras amuralladas al Nilo (habilitación de aprovisionamiento y ataques navales). Algunas fortalezas tenían ciudades amuralladas y templos en las proximidades.

El segundo período intermedio

El Reino Medio terminó y el segundo período intermedio comenzó alrededor de 1800 a.C., de manera similar a la primera: inundaciones, hambre y anarquía. Al mismo tiempo, varios inmigrantes del área de Siria y Palestina (a quienes los egipcios llamaron asiáticos) llegaron y fueron recibidos por el gobierno, que intentó utilizar sus habilidades para hacer botes. Luego comenzó el período de los *Hicsos*. El gobierno sobre Egipto se dividió de nuevo. La dinastía 15ª - los hicsos, facultados por la comunidad asiática- gobernaba desde Avaris en el norte, mientras que la 17a dinastía mantenía el sur desde Tebas. Los faraones de la 17a dinastía eran egipcios, pero lo más probable es que fueran simplemente gobernantes vasallos y no causaran ningún problema a los hicsos.

Al contrario de lo que cuenta el popular mito de que los hicsos invadieron Egipto desde Palestina en sus carros, este evento nunca se produjo. Los gobernantes hicsos pertenecían a la comunidad local siro-palestina que había estado viviendo en el delta del Nilo durante más de un siglo antes de que comenzara el período Hicsos.

A pesar de que los hicsos lograron controlar el Alto y el Bajo Egipto en aproximadamente 1600 a.c., finalmente fueron expulsados. En el tiempo del rey Hicso Apophis, el rey de la dinastía 17ª, Seqenenre Taa, luchó contra ellos. El rey de Tebas murió en la batalla, pero su hijo Kamose continuó luchando y, después de él, su hermano Ahmose logró expulsar a los enemigos de Egipto.

El nuevo reino

El Reino Nuevo comenzó con el regreso de Ahmose a Egipto, alrededor de 1550 a.C. Fue el primer rey de la dinastía 18a, e introdujo numerosos cambios en el gobierno y la administración. Lo más importante de todo es que estableció un ejército permanente a tiempo completo.

Todos podían unirse al ejército. El entrenamiento comenzaba a la edad de 5 años y el servicio profesional a los 20 años. Aunque, al igual que en otras ocupaciones, los roles militares pasaban de padre a hijo, otros podían convertirse en soldados y aumentar su rango con el tiempo. El ejército se fragmentaba en divisiones de cinco mil hombres. Cada uno de ellos fue nombrado después de un dios. Todos los generales de las divisiones eran hijos reales. Si no había suficientes príncipes adultos disponibles, el título de general se le daba a un niño príncipe. Las divisiones fueron altamente especializadas. Hubo arqueros, lanceros, aurigas y mercenarios extranjeros - por nombrar algunos. El ejército también se dividió en hordas, compañías, pelotones y escuadrones. Los soldados eran acompañados por los cuidadores del campamento, responsables de limpiar, cocinar y traer agua; trompetistas y bateristas que señalaban la táctica durante las batallas; portadores estándar; y escribas, que registraban el número de muertos del enemigo, contando las partes del cuerpo amputadas después de una batalla, así como el número de prisioneros. Sin embargo, los registros de las batallas no son una fuente histórica demasiado fiable. Fueron creados con el propósito de propaganda. Según ellos, los egipcios nunca se lastimaron o murieron en una batalla, porque eran imbatibles y aterradores a ojos de los enemigos, que a menudo simplemente escapaban horrorizados. La evidencia arqueológica, por otro lado, muestra que la realidad fue muy diferente. Varias momias muestran signos de las heridas de batalla.

La introducción del ejército permanente cambió Egipto para siempre, permitiendo el comienzo de una nueva era. El Reino Nuevo se convirtió en un verdadero imperio gobernado por los famosos faraones Tutankamón, Akenatón y Ramsés II. Aquí comienza uno de los períodos más interesantes de la antigua civilización egipcia, el que, sin duda, más merece nuestra atención.

Capítulo 4: Los magníficos faraones del nuevo reino y su imperio

El Reino Nuevo comenzó con una acción militar exitosa y la expulsión de los Hicsos. Duró desde alrededor de 1570 hasta aproximadamente 1070 a.C., e incluyó a los gobernantes de las dinastías 18ª y 19a: los monarcas más poderosos del mundo antiguo.

Los gobernantes de la 18a dinastía no solo habían establecido un ejército permanente, sino que cambiaron la política internacional de Egipto para siempre. Los faraones del Reino Nuevo habían establecido un nuevo estándar. La extensión de las fronteras se había vuelto esencial y cada faraón buscaba reclamar un territorio más grande que el de su padre. Como resultado, una vasta área del Cercano Oriente fue puesta bajo el control de los egipcios. Los nuevos territorios todavía tenían sus propios reyes, pero todos ellos eran vasallos leales a Egipto.

Tutmosis III

Tutmosis III fue el primer faraón egipcio que se dedicó por completo a la construcción del imperio. Pasó la mayor parte de su vida luchando y aumentando el territorio de Egipto. Debido a esto, los egiptólogos modernos a menudo se refieren a él como "el Napoleón egipcio." Sus éxitos militares se registran en el Salón de los Anales en el templo de Karnak.

El primer emperador egipcio fue el hijo de Tutmosis II y su segunda esposa, Isis. Él todavía era un niño cuando su padre murió, dejándolo en el trono. El joven monarca se casó con su primera esposa, Hatshepsut, que gobernó el país hasta que el rey creció. Mientras tanto, él estaba entrenando en el ejército. Después de 22 años de gobierno, Hatshepsut murió, y Tutmosis III, ya adulto y convertido en un hábil líder militar, asumió el trono y gobernó durante más de 20 años.

Tutmosis III (1504-1450 a.C.), estatua de basalto en el Museo de Luxor

El Armagedón Histórico

La mayoría de la gente no sabe que el término bíblico Armagedón (literalmente: "monte de Meguido", ubicado en el Israel actual) se refiere a una batalla particular que tuvo lugar allí. Existe la posibilidad de que esta batalla real fuera la que se produjo entre las fuerzas de Tutmosis III y el rey de Cades en Siria, y no solo él. Alrededor de 1476, durante el primer año del reinado solitario de Tutmosis III, después de la muerte de su esposa, el rey de Cades reunió varias ciudades palestinas. Unieron fuerzas para atacar las fronteras de Egipto desde la ciudad de Megiddo, que estaba fortificada y era estratégicamente deseable. Los egipcios tomaron la ruta directa a Megiddo, a pesar de que eso significaba encontrarse en una posición vulnerable. El ejército sirio se formó con más de 330 reyes y sus fuerzas, superando en gran medida al ejército egipcio. A pesar de eso, Tutmosis III parecía intrépido e influyó en sus hombres para que también lo fueran. Marcharon en traje de batalla para reforzar su moral e inducir el pánico en las líneas enemigas, y funcionó. Eran poderosos, y el ejército en Megiddo huyó rápidamente, dejando atrás todo su equipo. Sin embargo, no pudieron entrar a la fortaleza, ya que los guardianes de Megiddo se negaron a abrir las puertas. Los que estaban dentro de las murallas temían que los egipcios siguieran a los sirios. Los egipcios, por otro lado, perdieron la oportunidad de hacerse cargo de la fortificación rápidamente, ya que estaban demasiado ocupados hurgando en las armas, carros y otros bienes que el enemigo había dejado atrás. Al final, a Tutmosis y sus hombres les llevó siete meses conquistar Megiddo. El siguiente paso fue tomar la ciudad de Cades, que se posicionaba en una importante ruta comercial y daba acceso a los territorios del norte. Como resultado de estas acciones, tanto el faraón como sus soldados se volvieron más ricos y poderosos.

Akenatón

Un rey igualmente famoso de la 18ª dinastía, aunque por una razón totalmente diferente, fue Akenatón. Él es recordado como un rey hereje, el que cambió la religión egipcia de la adoración de innumerables dioses a la adoración de un solo dios. Este cambio fue influenciado por el monoteísmo, pero en el sistema de Akenatón, en realidad existían dos dioses. El faraón y su familia tenían el derecho exclusivo de adorar al nuevo dios, el Atón o el sol, y, literalmente, todos los demás tenían que adorar a Akenatón. Mientras Atón era el dios supremo, Akenatón se elevó a sí mismo a la posición de deidad en toda regla.

Akenatón (1350-1333 aC) [6]

Su nombre significaba "Espíritu de Atón", pero ese no era el nombre que le dieron al nacer. Él era el hijo más joven de Amenhotep III, y fue nombrado Amenhotep también al principio. Su familia no encajaba del todo con el estereotipo contemporáneo. No solo su madre, Tiye, que no solo no era de nacimiento real, sino que también era una mujer dominante. El arte contemporáneo la representaba junto a su marido, como su igual. En la historia egipcia anterior, sin embargo, las reinas siempre fueron inferiores. El hermano mayor de Akenatón, Tutmosis, falleció antes de que él pudiera convertirse en rey. Tenía tres hermanas, y dos de ellas estaban casadas con su padre.

Nefertiti

Nadie sabe exactamente quién era, de dónde venía o quiénes fueron sus padres, pero se casó con Akenatón y dio a luz a seis princesas. Las chicas generalmente eran representadas con la pareja gobernante, lo cual también era inusual en su tradición. Nefertiti estaba relacionada con la ex reina Tiye, aunque el vínculo no está del todo claro. Todo lo que sabemos es que la esposa del hermano de Tiye, Ay, era la "nodriza de Nefertiti". Ella podría haber sido su madre, pero todavía no hay evidencia de tal hipótesis.

Nefertiti no era el único miembro de la familia de Akenatón cuyo origen estaba cubierto de misterio. Hay una gran posibilidad de que Tutankamón fuera su hijo, ya que Tut era hijo de Kiya, esposa secundaria de Akenatón. Además, el sucesor de Akenatón en el trono fue el enigmático rey Smenkhkare, y nadie sabe quién era. Podría ser otro hijo de Akenatón, o un hijo de Amenhotep III, o incluso Nefertiti disfrazada. Fuera quien fuera, permaneció en el trono por un período bastante corto de tiempo.

Akenatón logró cambiar completamente el sistema religioso del antiguo Egipto. Le llevó unos nueve años completar la revolución. Sabemos todo al respecto porque este período está completamente registrado, en comparación con otros períodos de la historia del antiguo Egipto. El Atón fue el elemento fundamental en el reinado de Akenatón. El Atón no era un dios nuevo e inaudito. Él siempre había estado presente como un elemento del ciclo solar más amplio, como un epítome de la luz que se irradia desde el disco solar. Esta luz generalmente se representaba con las manos que emanaban del disco solar. Cada mano terminaba en pequeñas manos que formaban un signo de vida eterna (ankh) para la familia real. La imagen implica que el sol da vida. Así que Akenatón básicamente elevó este elemento de la deidad solar y lo atribuyó al único dios del sol. La revolución religiosa tenía un propósito práctico. Amenhotep III comenzó a favorecer al Atón por encima de otros dioses porque quería reducir la influencia del Sacerdocio de Amón en Karnak. Este sacerdocio tenía casi tanto poder como la familia real. Akenatón dio un paso más y reemplazó a todos los dioses con el dios Atón. Nueve años después de su reinado, cerró todos los templos existentes y redirigió todos los ingresos a los nuevos templos de Atón. Tres años después, Akenatón decidió eliminar todas las huellas del culto de Amón. Los nombres de Amón fueron borrados en todas partes, incluso en el nombre de Amenhotep. Esto fue demasiado drástico y, muy probablemente, varias personas se sintieron profundamente molestas.

Akenatón gobernó desde la nueva ciudad de Amarna en el centro de Egipto. Lo más probable es que fuera gobernador junto con su padre Amenhotep III, que todavía estaba situado en Tebas. Aunque era un mandato dividido se consideraba aceptable.

No sabemos cómo murió exactamente Akenatón, pero algunos eventos desafortunados y, en ocasiones, verdaderamente extraños precedieron su muerte. Amenhotep III murió en el año 12 del reinado de Akenatón. Al año siguiente, desaparecieron todos los signos de Nefertiti. Ella murió o, como algunos egiptólogos creen, cambió su nombre y se convirtió en co-gobernante. Un año después, la madre de Akenatón y una de sus hermanas murieron. Tres años más tarde, Akenatón murió y, poco después de él, también falleció el misterioso heredero Smenkhkare, quien gobernó con Akenatón durante tres años y él solo durante un par de meses.

Todas estas muertes se debieron a "la enfermedad asiática", que fue, de hecho, una epidemia de peste. La enfermedad derrotó a Amarna, lo cual fue visto por el pueblo como un castigo por la revolución religiosa y el abandono de los dioses tradicionales.

Tutankamón

Cuando tanto Akenatón como Smenkhkare murieron, no fue fácil encontrar un heredero al trono. El único adecuado era Tutankamón, que tenía solo siete años en ese momento. Los expertos no están seguros de quiénes fueron sus padres, su padre pudo ser Akenatón (con Kiya o Tadukhipa) o Amenhotep III (con Tiye o Sitamun). Nació en Amarna, como Tutankhaten, pero su nombre tuvo que cambiarse cuando se convirtió en rey.

Lo primero que viene a la mente cuando escuchamos sobre el nombre de Tutankamón es el tesoro encontrado en su tumba. Sin embargo, estos artefactos pueden no haber aparecido en absoluto en la vida de Tut. La mayoría de ellos en realidad podrían haber sido creados específicamente para la tumba.

Ataúd más interno de Tutankamón

La esposa de Tutankamón era Ankhesenamun (nacida como Ankhesenepaten). La pareja gobernó durante diez años y no tuvo hijos sobrevivientes. Dos bebés hembras fueron encontrados en la tumba de Tutankamón. Desafortunadamente, el faraón más famoso del mundo no tuvo un heredero. Muchos creen que, dado que Tutankamón era muy joven, podría haber estado bajo la gran influencia del general y diputado rey Horemheb y su visir, Ay.

Tutankamón abandonó Amarna y regresó a las capitales tradicionales de Egipto, Memphis y Tebas. La estela de restauración en el templo de Karnak dice que también restauró la religión egipcia y abandonó todos los cambios que Akenatón había iniciado.

Muerte misteriosa y un matrimonio no deseado

Aunque una tomografía computarizada reciente mostró que Tutankamón no había muerto de un golpe en la cabeza (las fracturas óseas que hicieron que todos creyeran que el niño rey había sido asesinado mucho después de su muerte), su muerte aún está cubierta por un velo de misterio. Además, a la muerte de Tut le siguieron muchos eventos intrigantes. Su visir, Ay (mencionado anteriormente en este capítulo como el hermano de la madre de Akenatón, Tiye, y también peculiarmente relacionado con Nefertiti) se hizo cargo del trono y estaba a punto de casarse con la viuda de Tutankamón. Ankhesenamun estaba horrorizada con la idea, porque, en primer lugar, despreciaba su origen y se refería a él como un sirviente y, en segundo lugar, porque era muy viejo cuando ella tenía poco más de veinte años. Tal vez había una tercera razón también, y, tal vez, tuvo algo que ver con la muerte de Tutankamón, pero no tenemos ninguna prueba en este momento. La joven viuda-reina escribió una carta al rey hitita Suppiluliumas, pidiéndole que enviara a uno de sus hijos a Egipto. Esperaba casarse con un joven príncipe en vez del anciano sirviente. Pasó un tiempo antes de que el rey hitita se diera cuenta de que ella era honesta en su petición y envió a uno de sus hijos a Egipto. Desafortunadamente, el príncipe fue asesinado en el camino, y Ay ciertamente tuvo algo que ver al respecto, ya que se casó con la desdichada reina poco después.

Ay tenía alrededor de 60 años cuando tomó el trono y gobernó durante solo cuatro años. El siguiente en el trono fue Horemheb, el rey adjunto de Tutankamón, y un general del ejército. Él gobernó durante 30 años y nombró a uno de sus generales, Piramesis, como su sucesor en el trono. Ramsés I (el nombre Piramesis tomó el trono) fue el primer faraón de la dinastía 19a, pero solo gobernó durante dos años, dejando el trono a su hijo, Sety I.

La recuperación del poder imperial: Sety I y Ramsés II

Una serie de problemas políticos comenzaron a surgir durante los reinados de Sety I (1291-1278 a.C.) y sus sucesores. Los faraones de la dinastía anterior, Akenatón y Smenkhkare, descuidaron los límites del decadente imperio egipcio, que necesitaba ser restablecido. Tan pronto como tomó el trono, Sety I se enteró de que los líderes tribales locales estaban planeando una rebelión, por lo que entró en una campaña por Siria. Sety I tomó la ciudad de Cades, pero los hititas reprimieron a los egipcios poco después. Sin embargo, el faraón y su ejército continuaron tomando el control de las ciudades fortificadas sirias en batallas como la de Karnak o mediante un acto de rendición.

El hijo de Sety, Ramsés II (también conocido como Ozymandias), pensó que sería una gran idea reclamar el nacimiento divino. Sus padres, aunque ocupaban el trono, tenían un origen no real, y Ramsés aparentemente lo vio como un problema. Diferentes imágenes encontradas en su templo mortuorio en Luxor muestran a diferentes dioses, como Amun o el dios con cabeza de carnero Khnum, como su padre. De todos modos, Sety había nombrado a su hijo como corregente y gobernaron juntos durante un par de años. Ramsés estuvo casado con Nefertari, Isetnofret y muchas otras. Tenía un harén de 300 mujeres, un regalo que le hizo su padre. También tuvo numerosos hijos. Algunos registros muestran que tuvo 150 hijos y 70 hijas, pero estos números son exagerados. Parecía tener hasta 46 hijos y aproximadamente 55 hijas. Tenía al menos diez hijos con Nefertari y seis de ellos eran niños, pero, desafortunadamente, todos murieron antes que Ramsés. Con Isetnofret, tuvo seis hijos, y uno de ellos sucedió a Ramsés II en el trono. Era el decimotercer hijo de Ramsés, nacido como Merenptah.

Estatua de Ramsés II (1279-1212 aC), Luxor

Ramsés II se había ganado su gloria liderando una batalla espectacular contra los hititas durante el quinto año de su reinado. Esta batalla tuvo lugar en Cades. Sety había triunfado en Cades antes, pero, poco después, los hititas lograron acercarse a las fronteras egipcias. Egipto necesitaba detenerlos con un ataque. El rey hitita esperó el asalto, hizo un pacto con muchas provincias vecinas y reunió un gran ejército. Ambos bandos utilizaron las mismas armas, pero el ejército hitita era más grande. Los estilos de ataque también fueron diferentes. Ramsés II dirigió la división que llevaba el nombre del dios Amón. Otras divisiones se llamaban Ra, Ptah y Seth. Mientras se acercaban a Cades, las divisiones se dividieron y, en un momento dado, la única división de Amón se enfrentó a las fuerzas hititas. La mayoría de los hombres de Ramsés murieron, y fue un milagro que él sobreviviera. Los documentos de este período dicen que el faraón luchó contra todo el ejército hitita por su cuenta. Finalmente, otras divisiones lograron unirse a él y expulsar al enemigo. Los hititas escaparon a la ciudad amurallada de Cades, y los egipcios reclamaron la victoria. Dieciséis años después, los egipcios y los hititas firmaron un tratado de paz y pusieron fin a todas las hostilidades.

Tabla del tratado entre Hattushili III de Hatti y Ramsés II de Egipto,
versión encontrada en Boghazköi / Hattusha [7]

Los últimos faraones poderosos: Merenptah y Ramsés III

Merenptah (1212-1202 a.C.) fue el decimotercer hijo de Ramsés II. Su reinado estuvo marcado por continuos problemas con los libios, quienes unieron sus fuerzas con otras tribus. Los pueblos del mar - 25000 hombres con sus familias y pertenencias- viajaban a Egipto e intentaban invadirlo. En un par de ocasiones, lograron penetrar las fortalezas egipcias y devastar a la guardia. Merenptah lideró a sus arqueros, derrotó a los libios y tomó muchos prisioneros. Todo lo que los egipcios querían era vivir pacíficamente y sin miedo, y el faraón les permitió hacerlo, aunque por un corto período de tiempo.

Las invasiones continuaron durante el reinado del hijo de Merenptah, Ramsés III (1182-1151 a.C.). Los pueblos del mar se habían vuelto muy fuertes; lograron ganar una batalla importante contra los hititas, lo que les permitió controlar el comercio en el cercano oriente, tanto en tierra como en el mar. Ramsés III se enfrentó a los Pueblos del Mar en mar y tierra, y triunfó en ambas ocasiones. Su batalla en el mar es una de las primeras batallas navales jamás documentadas en la historia. La flota egipcia de naves siguió a la flota enemiga hasta las llamadas "desembocaduras fluviales del delta" y atrapó a los pueblos del mar entre los barcos egipcios y la costa. Los arqueros egipcios esperaban en la orilla, listos para regarlos con flechas. Los Pueblos del mar estaban devastados. Pero los libios golpearon de nuevo, en el año 11 del reinado de Ramsés III.

Ramsés III fue el último faraón en reinar como un verdadero faraón tradicional. Los períodos que siguieron fueron atormentados por tierras divididas, asaltos y crisis económicas. El poderoso reino que Tutmosis III construyó y que Sety I y Ramsés II preservaron fue disminuyendo gradualmente, junto con la civilización egipcia.

Capítulo 5 - La decadencia y el final de la civilización egipcia

La cultura tradicional egipcia comenzó a hundirse al final del Nuevo Reino. Con la 20ª dinastía (1185-1070 a.C.), este país poderoso y económicamente fuerte comenzó a caer. El trono estaba dividido y dos o más reyes gobernaban desde ciudades separadas. Era claramente una mala señal, ya que un Egipto unido bajo un faraón era una parte vital de la antigua tradición egipcia.

Tercer período intermedio

La caída de Egipto fue un proceso gradual que duró más de 1000 años. El país que Ramsés II y Ramsés III dejaron como legado aún era poderoso, pero disminuyó lentamente hasta la edad de Cleopatra. El tercer período intermedio duró de 1080 a.C. a 525 a.C. Durante ese tiempo, muchos gobernantes reinaban desde diferentes regiones de Egipto, incluso al mismo tiempo. El período que le siguió fue el Período Tardío. Esta época se caracterizó por la invasión extranjera y cambios frecuentes de las dinastías. Finalmente, el período greco-romano (332-30 a.C.), que comenzó con la invasión de Alejandro Magno, causó algunos cambios culturales importantes.

El declive no ocurrió de la noche a la mañana, pero fue claramente evidente durante el reinado de Ramsés XI (1098-1070 a.C.). Varios problemas económicos fueron reduciendo lentamente el poder del faraón. Los sacerdotes de Amón, por otro lado, estaban multiplicando su poder y riqueza en aquel momento. Eventualmente, se volvieron igualmente poderosos que el faraón, la única diferencia era que el rey todavía tenía el control sobre el ejército, y eso fue casi totalmente su culpa. Ramsés XI patrocinó esta escalada en el poder a través de innumerables obsequios, ayudas y trabajos de construcción en el templo de Karnak en Luxor.

En el conflicto entre el Virrey de Nubia, Panehsy, y el sumo sacerdote de Amón, Amenhotep, Ramsés se posicionó del lado de este último. Además, el faraón religioso ayudó al sucesor de Amenhotep a optar a la posición del sumo sacerdote de Amón, Herihor, para sacarlo del trono. Ramsés también le dio los títulos militares que pertenecían a Panehsy. En ese momento, Herihor ostentaba títulos religiosos y militares y su ambición se volvió imparable. Ocupó el papel del faraón mientras el faraón legítimo todavía estaba vivo. Herihor murió antes que Ramsés, pero su sucesor, Piankhy, continuó gobernando de la misma manera. Piankhy se convirtió en rey después de la muerte de Ramsés, pero permaneció como tal solo durante un par de meses. Su influencia se limitó al área alrededor de Tebas, en el sur.

Al mismo tiempo, en el norte del país, un hombre de origen desconocido llamado Smendes (1069-1043 a.C.) se casó con la hija de Ramsés XI y reclamó el trono de Egipto. Construyó su propia capital en Tanis, en las ruinas de Pi-Ramses. El próximo rey en este trono fue Psusennes I (1039-991 a.C.). Lo más interesante de él fue que permitió que su hija se casara con Menkhepere, el sumo sacerdote de Amón. Este matrimonio propició que las relaciones entre los gobernantes del norte y del sur fueran buenas. Permanecieron así durante los siguientes 350 años, garantizando la paz e incluso la prosperidad.

Egipto se unió una vez más durante el gobierno de Sheshonq, que era, de hecho, un jefe libio. Había entendido bien que esta unificación era crucial para que se convirtiera en un faraón legítimo.

Además, se casó con una princesa egipcia, hija de Psusennes II, el último faraón de la dinastía 21a, y se aseguró de que su hijo tuviera el título de sumo sacerdote de Amón. Sin embargo, el final de la 22ª dinastía estuvo lleno de hostilidad y divisiones, e incluso se produjo una guerra civil que duró más de diez años. Durante el próximo período, demasiados faraones (dinastías 22, 23 y 24) surgieron al mismo tiempo, cada uno gobernando su propia área pequeña.

Alrededor del 727 a.c., surgió una amenaza seria y obligó a los reyes a trabajar juntos. Nubia se había vuelto demasiado poderosa y presentaba un peligro. Los reyes del norte de Tanis (la 22ª dinastía), Leontópolis (la 23ª dinastía) y Sais (la 24ª dinastía) se unieron para poder tratar con los gobernantes nubios (25ª dinastía). El primero intentó evitar que el control de este último aumentara. El faraón de Nubia en ese momento era Piankhy, que era, al mismo tiempo, el sumo sacerdote de Amón. Él y su hijo Shabaka lograron aumentar el poder y obtener el control sobre casi todo Egipto.

La siguiente amenaza vino del imperio asirio. El rey asirio Esarhaddon entró en Egipto en 671 a.C., durante el reinado del faraón nubio Taharqua. El hijo de Esarhaddon, Asurbanipal, logró obtener el control total de Egipto, establecerse en Tebas y convertirse en el rey del Alto y el Bajo Egipto.

Período tardío

En las siguientes dos décadas, Egipto tenía gobernantes vasallos, leales a los reyes asirios. La nueva capital era Sais, y la dinastía gobernante era la 26ª, también conocida como la dinastía Saite. Sin embargo, uno de los gobernantes Saitas, Psamtik I (664-610 a.C.) decidió que ya no sería un rey vasallo. Él trajo muchos cambios, tratando de restablecer las tradiciones pasadas. Reanudó varios elementos de la religión, el ritual y el arte, para mostrar la continuidad con la cultura de los Reinos Antiguo y Medio. El siguiente paso para convertirse en un faraón verdaderamente tradicional de Egipto sería liberar al país de la influencia extranjera. Los asirios, por otro lado, tenían sus propios problemas internos con los que lidiar, y Psamético logró obtener el control de Egipto por derecho propio.

Egipto se encontraba de nuevo en el buen camino. El siguiente en el trono, Nekau II, mejoró aún más el estado de Egipto, controló Siria-Palestina, contrató a varios griegos jónicos y, con su ayuda, estableció el primer servicio naval oficial de Egipto. El comercio también aumentó, y Nekau II construyó un canal hacia el Mar Rojo. Las relaciones comerciales se intensificaron aún más, Egipto se hizo más rico y vinieron varios inmigrantes extranjeros. Eventualmente comenzaron a estallar problemas y guerras civiles entre diferentes grupos extranjeros durante el reinado de Ahmosis II (alias Amasis, 570-526 a.C.).

Mientras tanto, el imperio asirio se estrelló. Los persas se hicieron cargo de Nínive en el año 612 a.C., continuaron haciendo crecer su poder y su territorio y, finalmente, en 525 a.C., invadieron Egipto y capturaron al faraón, Psamético III, como prisionero de guerra. Así comenzó la dinastía persa 27 y perduró durante más de 100 años (525-414 a.C.). El rey persa que originalmente ganó Egipto, Cambises (525-522 a.C.), regresó a Persia, delegando en un gobernador local para gobernar en su nombre. Pero su sucesor Darío I (521-486 a.C.) se involucró mucho con los asuntos internos de Egipto. Él construyó y reparó una serie de edificaciones, incluidos templos y el canal al Mar Rojo que el rey Saita Nakau comenzó. Sin embargo, los egipcios se rebelaron. El siguiente rey persa, Jerjes, finalmente aplastó la revuelta, pero entonces entraron en escena los griegos. Los egipcios, con la ayuda de mercenarios griegos, lograron asesinar a Jerjes. Pasaron el siguiente período tratando de deshacerse de los persas, mientras que su cultura y poder disminuyeron aún más alrededor de 400 a.C. Las siguientes dinastías (28, 29 y 30) fueron bastante insignificantes. El único gobernante que vale la pena mencionar es el faraón Nectanebo II, el último gobernante de la dinastía 30, que luchó contra el rey persa Artajerjes III y perdió. Murió en 343 a.C. como el último gobernante egipcio en el trono. Todos los gobernantes posteriores fueron extranjeros. Algunos historiadores consideran a los gobernantes persas de Egipto como la 31ª dinastía (343-332 a.C.). Esta dinastía, sin embargo, duró un período bastante corto y terminó en 332 a.C. cuando Darío III abrió las fronteras para dejar entrar a Alejandro Magno.

Alejandro Magno y los Ptolomeos

El objetivo de Alejandro en ese momento era derrotar a los persas. Sin embargo, una vez que entró en Egipto, estuvo genuinamente interesado en convertirse en un faraón. Viajó a Siwa, donde se colocó el oráculo de Amón, para legitimar su lugar en el trono demostrando que era el hijo divino, predestinado a ser rey de Egipto. Se quedó en Egipto durante un tiempo, renovando templos, construyendo la nueva ciudad capital, Alejandría, introduciendo un sistema monetario y así sucesivamente, pero finalmente siguió adelante y continuó conquistando naciones en toda la región. Alejandría era una ciudad grande (con una población de más de medio millón), cosmopolita, y hogar de numerosos inmigrantes griegos y judíos, entre otros. La ciudad fue completada por Ptolomeo II (285-246 a.C.).

Alejandro Magno murió en 323 a.C. Su hijo Alejandro IV ocupó el trono mucho más tarde, porque nació después de la muerte de su padre. Mientras tanto, los generales de Alejandro gobernaron efectivamente. Ptolomeo fue el gobernador de Egipto y, más tarde, estableció una dinastía de Ptolomeos. Todos los reyes se llamaban Ptolomeo, por lo que hubo 15 Ptolomeos. En cuanto a las reinas, hubo siete Cleopatras y cuatro Berenices en el trono (y, ciertamente, existían muchas más Cleopatras y Berenices en la familia real). La dinastía ptolemaica apoyó la tradición egipcia pero también trajo muchos elementos helenísticos a Egipto. Estos gobernantes estaban obsesionados con tomar el trono y quedarse en él, casarse con sus hermanos y tener hijos con ellos, a fin de mantener a la familia en el trono para siempre. Esto, sin embargo, no significaba que las relaciones dentro de la familia fueran buenas. Dentro de la familia había un gran récord de conspiraciones y asesinatos.

- Phillip Arrhidaeus (el predecesor del primer Ptolomeo) fue asesinado por uno de sus guardaespaldas.
- Berenice II fue envenenada por su hijo Ptolomeo IV.
- Arsinoe, la esposa de Ptolomeo IV, fue asesinada por el hermano de Agathoclea, la esposa secundaria de Ptolomeo
- Ptolomeo VII fue asesinado por su tío y padrastro Ptolomeo VIII
- Memphites fue asesinado por su padre, Ptolomeo VIII, quien posteriormente envió su cadáver a su esposa y hermana, Cleopatra II, como regalo de cumpleaños.
- Cleopatra III probablemente fue asesinada por su hijo menor, Ptolomeo X (es interesante saber que, antes de su muerte, su hijo mayor, Ptolomeo IX, fue acusado de conspiración en su contra).
- Berenice, la hija de Ptolemy IX, fue asesinada un mes después de casarse con Ptolemy XI, ya que no estaba dispuesto a compartir el trono con ella.
- Después de 19 días, el público, consternado por el asesinato de la muy querida reina Berenice, linchó a Ptolomeo IX.
- Los romanos mataron a la hija de Ptolomeo XII porque ella trató de tomar el trono y le pidió ayuda a Julio César.
- Cleopatra VII (sí, la Cleopatra de la que hablaremos en el próximo capítulo) probablemente tuvo algo que ver con la muerte de su esposo (y hermano). Su objetivo era promover a su hijo Ptolemeo XV al trono y, de esa manera, protegerlo de los romanos.

Los romanos estaban muy involucrados en los asuntos internos de Egipto y habían ayudado muchas veces a diferentes Ptolomeos. Pero había llegado el momento de cobrar las deudas.

Capítulo 6 - Un romance, política y tragedia: la historia de Cleopatra VII

El padre de Cleopatra, Ptolomeo XII, era un gobernante débil, cruel y altamente impopular que tendía a confiar en la ayuda de Roma para mantenerlo en el trono. Su hija mayor, Berenice, ya lo había destronado una vez, pero logró regresar. Él murió en 52 a.C. Su hija menor, Cleopatra VII, se casó con Ptolomeo XIII, que todavía era un niño, y ella se convirtió así en la gobernanta soberana de Egipto.

Cleopatra y Julio César

Al principio, los egipcios amaban a Cleopatra. Ella también se preocupaba por la gente y era el único gobernante de la dinastía que hablaba egipcio. Sin embargo, una vez que su marido creció, logró hacer que la población se volviera contra ella por fraude. Sus asociados distribuyeron un decreto en su nombre que decía que todo el grano existente debería enviarse a Alejandría y no al resto de Egipto. Como resultado, Cleopatra tuvo que irse y buscar refugio en Ashkelon, en Siria. En el 48 a.C. ella levantó un ejército y llegó a la frontera de Egipto, para expulsar a su hermano/esposo Ptolomeo XIII del trono. La situación era tan tensa que Julio César tuvo que ir a Alejandría para mediar. Su objetivo era ayudar a Cleopatra a tomar el trono. Los hombres de Ptolomeo intentaron asustar a César al matar a uno de sus amigos y entregarle la cabeza como un regalo. Como respuesta, César entró en la ciudad y tomó el control del palacio. Ordenó a Ptolomeo y a Cleopatra que descargaran sus ejércitos y se reunieran con él. Cleopatra sabía que Ptolomeo no la dejaría entrar en Alejandría viva. Entonces entró escondida dentro de una alfombra oriental, que fue entregada a César como regalo. César y Cleopatra se hicieron amantes. Ptolomeo se sintió traicionado y, después de seis meses de asedio, se ahogó en el Nilo. Cleopatra se casó más tarde con su otro hermano, Ptolomeo XIV. Su relación con Julio César continuó, y dio a luz a un hijo llamado Ptolomeo César, hijo de Julio César y Cleopatra, y también conocido como Cesarión.

Un relieve esculpido en el templo de Hathor en Denderah muestra a Cleopatra presentando a su hijo a los dioses para confirmar que él era el heredero del trono.

La relación con César se profundizó con el tiempo; ella pasó dos años en su palacio, donde le dieron varios regalos y títulos. Después de que Julio César fuera asesinado, ella escapó de regreso a Egipto, probablemente tramando el asesinato de su esposo, y se casó con su hijo para asegurarse su acceso al trono. Mientras tanto, el Imperio romano se dividió entre Octavio, Marco Lepidus y Marco Antonio.

Cleopatra y Marco Antonio

Cleopatra y Marco Antonio ya se habían encontrado una vez cuando él visitó Egipto con César. Los romanos conocieron a su padre cuando Cleopatra tenía tan solo 15 años. En el 42 a.C., se encontraron de nuevo. Ella tenía 28 años y él más de 40. Se hicieron amantes y, según Plutarco, pasaron un tiempo fantástico juntos. Después de un par de años, Cleopatra dio a luz a gemelos: Alexander Helios (el sol) y Cleopatra Selene (la luna). Marco Antonio reconoció la paternidad de los niños. Más tarde, incluso le ofreció a Alexander casarse con la hija del rey armenio, tratando de apaciguar una pelea. El rey de Armenia declinó y, como respuesta, Marco Antonio lo atacó en el 34 a.C. Mientras tanto, Octavio (más tarde, el emperador Augusto) casó a su hermana Octavia con Antonio, para mantenerlo alejado de Egipto, pero sus esfuerzos fueron inútiles. En el 36 a.C. en Antioquía, Siria, Marco Antonio y Cleopatra se casaron vestidos como los dioses Osiris e Isis, las principales deidades del mito de la creación. Entonces Cleopatra dio a luz a otro niño, Ptolomeo Filadelfo. En el año 34 a.C., Antonio les dio a sus hijos magníficos títulos y gran poder. Alexander Helios se convirtió en el rey de Armenia; Cleopatra Selene se convirtió en la reina de Cirenaica y Creta, y Ptolomeo Filadelfo se convirtió en el rey de Siria.

Octavio, al igual que los romanos en general, estaba molesto por las acciones de Marco Antonio. Decidió tomar el trono para sí mismo y tratar con Marco Antonio y Cleopatra. Como resultado, en el año 31 a.C., luchó contra los ejércitos de Antonio y Cleopatra en una batalla naval frente a la costa de Actium (norte de Grecia). Cuando se hizo evidente que estaban perdiendo, Cleopatra escapó y Marco Antonio la siguió. Los romanos vieron esto como una prueba de que Marco Antonio era esclavo de su afecto por Cleopatra, incapaz de pensar o actuar por su cuenta.

En el año 30 a.C., Octavio llegó a Alejandría. Marco Antonio lo recibió con unos soldados y armada tan debilitados, que, tan pronto

como vieron a los romanos, cambiaron de bando. Final[...]
Antonio se quedó solo. Mientras tanto, Cleopatra se encerró [...]
tumba y le envió un mensaje a Antonio de que estaba muerta. C[...]
respuesta, Antonio intentó suicidarse. Su intento de suicidio[...]
bastante exitoso, ya que terminó con una herida mo[...]
desangrándose hasta la muerte. Luego oyó que Cleopatra est[...]
viva, y exigió que lo llevaran hasta ella inmediátamente. Ma[...]
Antonio murió en los brazos de Cleopatra.

Al mismo tiempo, Octavio había conquistado Alejandría y se hal[...]
hecho cargo del palacio de Cleopatra. Planeó llevar a Cleopatra[...]
Roma y arrastrarla por las calles en cadenas. Los romanos n[...]
pudieron entrar a la tumba. Cleopatra no dejó entrar a Octavio, per[...]
negoció con él a través de la puerta cerrada, exigiendo que su rein[...]
fuera entregado a sus hijos. Mientras la atención de Cleopatra se
centraba en la puerta, los hombres de Octavio levantaron escaleras y
entraron por la ventana. La reina de Egipto inmediatamente intentó
apuñalarse a sí misma, pero los soldados rápidamente la desarmaron
y la encarcelaron tanto a ella como a los niños. Sin embargo, Octavio
permitió a Cleopatra enterrar a Antonio al estilo real. Después del
funeral, Cleopatra se quedó en cama, atormentada por el dolor. Ella
firmemente decidió morir y unirse con su amor al otro lado, por lo
que se las apañó para que una canasta de higos ocultara un áspid que
le provocaría la muerte. Al morir envenenada, la reina le escribió
una carta a Octavio solicitando que la enterraran en la tumba de
Marco Antonio. Después de su muerte, la única persona que podía
suponer alguna amenaza para Octavio era Cesarión, pero Octavio se
deshizo de él rápidamente. Desde ese momento, Egipto pertenecía a
los romanos.

La muerte de Cleopatra en el año 30 a.C. dejó vía libre a los romanos
para gobernar Egipto. Sin embargo, Egipto no se convirtió en una
provincia romana de inmediato, en el verdadero sentido de la
palabra. Octavio usó el país como un patrimonio personal. Egipto se
convirtió en la principal fuente de grano para el Imperio romano.

ente,
en su
omo
fue
rtal,
aba
rco

ía
a
o
o
o

a de Egipto para Roma no se limitó a su riqueza
. El país tenía acceso tanto al mar Mediterráneo
desempeñaba un papel crucial en el comercio
armente en el comercio con la India, la fuente de los
que la clase dominante amaba tanto. Egipto tenía una
gica única, en el nexo de caminos que unían Arabia,
Europa. Esta posición podría haber sido una razón
el poder y la riqueza de Egipto como nación
e. Irónicamente, la misma ventaja geográfica aseguró la
pto por una sucesión de otros imperios. Roma, Bizancio
dos veían a Egipto como una fuente de riqueza y un
nercial sin igual, y también lo hacían los califas, los
y los británicos.

bernantes que siguieron a Octavio en el trono de Egipto
n de gobernar al modo tradicional egipcio. Construyeron
os para los dioses egipcios tradicionales, e incluso se
sentaron a sí mismos como faraones egipcios mientras
izaban los rituales habituales. A pesar de que la cultura egipcia
nbió tanto debido a la invasión helenística de Alejandro, una serie
cultos egipcios se conservaron bajo el dominio romano. El templo
e Philae todavía estaba en uso en el año 394 d.C. Fue en este
emplo donde se hizo la última inscripción escrita en jeroglíficos en
Egipto, y 1.400 años pasaron antes de que alguien pudiera
descifrarlo.

Capítulo 7 - La religión, la mitología y los rituales de los antiguos egipcios

Puede sonar confuso que los antiguos egipcios tuvieran al menos 700 dioses diferentes (algunas fuentes mencionan hasta 2000 dioses) pero no todos adoraban a todos los dioses todo el tiempo. Cada dios simbolizaba y personificaba un concepto y función únicos y tenían un lugar concreto cada uno donde se los veneraba. Las personas podían elegir una deidad que se adaptara a sus necesidades particulares.

La práctica religiosa de los antiguos egipcios estaba estrictamente dividida. La religión del estado se centraba en el rey y su divinidad. Los dioses principales del estado eran adorados en grandes templos que estaban cerrados al público. El rey y los sacerdotes eran las únicas personas que podían entrar en templos tales como Karnak, Luxor, Abydos y Abu Simbel, y esta práctica sagrada era efectivamente inaccesible para otros. La gente común de Egipto adoraba a otros dioses en sus hogares, fuera de los templos, sin los sacerdotes.

Contrariamente al popular estereotipo que se ha labrado del pueblo egipcio, los egipcios en realidad no creían que sus dioses se parecieran a las extrañas criaturas representadas en viejas imágenes y jeroglíficos: animales o humanos con objetos inanimados en lugar de cabezas, o humanos con cabezas de animales. La diosa Hathor efectivamente fue representada como una mujer con la cabeza de una vaca, pero solo para enfatizar su naturaleza maternal. Del mismo modo, la cabeza de la diosa Sekhmet era la de una leona para resaltar su agresividad. El cuerpo de escorpión de Selket demostraba que era la diosa guardiana que protegía contra las picaduras de escorpiones y arañas. Las imágenes de otros bienes, de la misma manera, sirven para informarnos de sus características y de sus roles en el panteón. Además, un dios a menudo se representaba de varias maneras. El dios sol Ra era Khepri (humano con cabeza de escarabajo, que simboliza el sol al amanecer) o Atón (el disco solar al mediodía), o Re-Horakhti (un hombre con cabeza de halcón, o el sol en el horizonte) o Carne (una criatura con cabeza de carnero y el sol al atardecer).

El culto solar, que incluía adorar a las deidades que estaban relacionadas con el círculo solar, fue especialmente importante en todos los reinos y dinastías. Esto fue así porque los egipcios dependían del sol, la fuerza increíblemente poderosa que afectaba a sus vidas. Se veía a los dioses solares como a los dioses creadores, y también estaban estrechamente vinculados con la muerte y el renacimiento de los muertos. Esos dioses también podían ayudar a las personas a aumentar su fortuna y poder. Debido a esto, y para demostrar sus orígenes divinos, los reyes incluyeron la frase de "hijo de Ra" en sus títulos.

La explicación del hecho de que los egipcios solían tener tantos dioses radica en el hecho de que podían mezclar y combinar sus dioses con otros, combinando sus atributos. Cuando un dios representaba más de una característica, él o ella estaba representado en dos o más deidades diferentes. Amón-Ra, por ejemplo, era una mezcla de Amón, el dios creador, y Ra, el dios solar. Además, algunos dioses representan combinaciones de deidades egipcias y extranjeras: Seth (caos) con la Bola Canaanita (relámpago); Hathor (madre) con el sirio Anat (marital); Osiris (dios de los muertos) con el griego Dionisio (fertilidad); Isis (madre) con el griego Afrodita (amor); e Imhotep (medicina) con el griego Asklepios (también medicina).

La lucha entre el orden y el caos: la narrativa mitológica central

Esta multitud de deidades, cultos e historias religiosas se unifican a través de una pequeña cantidad de temas mitológicos básicos. Desafortunadamente, los egipcios no tenían un solo libro sagrado, y la mayoría de las inscripciones en los templos trataban sobre reyes y sus ofrendas a los dioses. Los mitos nacionales en forma de una larga narrativa nunca fueron recuperados. Todo el material que tenemos sobre esas narraciones proviene de textos funerarios que tenían el propósito de facilitar la transición al más allá. Estas fuentes contienen una pequeña cantidad de historias mitológicas que ocurren una y otra vez. Los detalles varían de fuente a fuente, pero, básicamente, todos cuentan la misma historia.[8]

- El creador nace del océano Nun (el océano primordial, un caos acuático personificado en un dios). Las aguas primitivas eran oscuras y sin forma, pero tenían el potencial de vida, tal como el caos tenía el potencial de orden[9]. Las aguas de Nun retrocedieron para revelar la primera tierra (montículo primordial), que surge de Nun. (1) El dios solar emerge, el niño solar nace; se produce el primer amanecer. Las fuerzas del caos amenazan al niño solar y las deidades protegen al niño. [10] (2) El montículo primordial es el escenario para la creación. El dios creador Atum (normalmente representado usando la doble corona de la realeza) emerge al mismo tiempo, sentado en el montículo. Este dios es el creador del universo y del sistema político del antiguo Egipto.[11]

- Los seres vivos se crean a partir de los fluidos corporales, pensamientos, palabras, o las manos del creador. Los humanos se originan de las lágrimas de Ra. El dios del aire separa al dios de la tierra y la diosa del cielo. Egipto se crea como un elemento del orden divino. La guerra entre el caos (isfet) y el orden (maat) continúa.

- El dios sol creador pierde su ojo, hija, o defensora, pero ella es persuadida para regresar. El dios del sol está enojado por desobedecer a las personas y dioses, y decide destruir a la mayoría de la humanidad y preservar la tierra para el cielo. Osiris, el mítico gobernante de Egipto, es asesinado por su hermano Seth. Las hermanas de Osiris, Isis y Neftis, intentan encontrar su cuerpo dañado. Isis encuentra el cuerpo y revive a Osiris para concebir un hijo, Horus. El cuerpo de Osiris está momificado y protegido de los asaltos de Seth. Isis, la madre divina, da a luz a Horus en las marismas. Las criaturas del caos envenenan al bebé Horus, pero logra ser sanado. Horus y Seth luchan el uno contra el otro por el derecho a gobernar. Seth termina con los testículos heridos. Horus pierde un ojo, o ambos ojos, pero otro dios (generalmente Thoth) restaura su ojo dañado. Horus venga la muerte de Osiris. Seth es dominado. Horus, como resultado, se convierte en el rey de los vivos. Osiris se convierte en el gobernante del inframundo y juez de los muertos.

- El dios del sol va al inframundo todas las noches. El monstruo del caos Apophis amenaza, pero varias deidades y espíritus defienden al dios del sol. El dios del sol se une a Osiris. Juntos, resucitan a los muertos. El dios sol asciende en la mañana para regenerar la creación.

- El creador está cansado y regresa al océano primordial. El mundo vuelve al caos.

Es importante enfatizar el vínculo entre las narrativas mitológicas egipcias, la doctrina religiosa y la política. Los primeros mitos de creación, así como todos los posteriores, apoyan el concepto de la naturaleza divina de los gobernantes egipcios. Además, la primera cronología de los gobernantes egipcios, la establecida por Manetho, que primero dividió a los faraones en dinastías, puso de relieve una sucesión única e ininterrumpida de reyes que los vincula al momento de la creación y al tiempo de los dioses. El dios creador había establecido el patrón para la realeza y cada faraón posterior era un heredero legítimo del trono. La realidad, como ya sabemos, era diferente. En los períodos de desunión nacional, una serie de gobernantes con base en diferentes partes de Egipto pudieron reclamar el título de faraón y gobernar al mismo tiempo en dinastías concurrentes y superpuestas.

En la cima del Panteón

Los tres dioses principales en la religión egipcia antigua son Osiris, Horus y Seth. Osiris gobernaba el inframundo. Según la creencia antigua, cuando un rey moría, se convertía en Osiris y continuaba gobernando en la otra vida. El arte antiguo lo representaba como una momia con el cayado y el látigo, que demostraban su papel permanente como rey. Horus, el dios del orden, era hijo de Osiris e Isis. El rey de Egipto tenía los atributos de esta deidad. De hecho, los egipcios creían que el faraón era una encarnación de Horus en la Tierra. Este dios generalmente se representaba como un hombre con una cabeza de halcón. Seth era el dios del caos y el hermano de Osiris, caracterizado como un humano torpe con nariz curva y orejas largas.

Correspondientemente, hay tres diosas principales: Isis, Nephthys y Hathor. Isis, la madre divina, era a la vez la hermana y la esposa de Osiris y la madre de Horus. Esta diosa era representada como una mujer hermosa con un signo de trono en su cabeza, o como una cometa, ya que su papel era proporcionar el aliento de vida para el difunto. Neftis. Una diosa estrechamente vinculada con el renacimiento, era la hermana de Isis y Osiris. Ella ayudó a su hermana a devolverle la vida a su hermano. Neftis era representada de manera similar a Isis. Hathor era otra diosa madre, la hija del dios sol Ra, y diosa del amor, la belleza, la fertilidad, el sexo y la muerte (ella proveía alimento para el difunto). Hathor era representada de varias maneras, todas incluyen la combinación de partes del cuerpo de una mujer y una vaca.

Maat era una deidad separada que existía en todos los aspectos de la vida de los antiguos egipcios. Ella simbolizaba el equilibrio cósmico, la justicia y la verdad. Esta diosa se ilustraba como un humano con una pluma en la cabeza o simplemente como una pluma, porque esta era el signo jeroglífico de la verdad. Los jueces en el antiguo Egipto eran los sacerdotes de Maat.

Dioses domésticos

Puede sonar extraño, pero el pueblo llano no adoraba en particular al mítico Horus -para ellos, su faraón era Horus mismo- ni a las deidades del mito de la creación. Tenían sus propios dioses que estaban mucho más cerca de ellos, y los adoraban en el hogar. La forma en que les rendían tributo era similar a los rituales en los templos. Preservaban estatuas que representaban a los dioses en sus santuarios domésticos, y los alimentaban, lavaban y untaban a diario.

Hathor era una diosa particularmente importante en todos los hogares, ya que estaba a cargo del matrimonio, el amor sexual, la fertilidad, la concepción y el parto. Había más de una deidad relacionada con la fertilidad y el parto. Bes, representado como un enano con las piernas arqueadas, fue invocado regularmente durante el parto para garantizar un nacimiento seguro y para proteger a la madre y al bebé. Taweret, la diosa representada como un hipopótamo hembra preñada, también tuvo la función de proteger a las mujeres durante el parto.

Los artesanos que construyeron el Valle de los Reyes adoraron al dios creador Ptah como la deidad patrona. Confiaban en este dios para ayudarlos a evitar y curar algunos problemas relacionados con el trabajo, como la ceguera, que era muy común entre ellos. También adoraban a Meretseger, representada como una cobra o una mujer con la cabeza de una cobra, lista para atacar. Meretseger estaba a cargo de proteger a la gente de mordeduras de cobras, arañas y escorpiones.

Rituales diarios

Los rituales eran idénticos en todos los templos y hogares de Egipto, independientemente de la naturaleza y función de las diferentes deidades. La gente en casa hacía lo mismo que los sacerdotes en los templos. Entraban en los santuarios dos veces al día y llevaban a cabo los rituales. En el momento del amanecer, el sacerdote tomaba la estatua del altar, la lavaba, y luego la frotaba con ungüentos y perfumes. Finalmente, el sacerdote vestía a la estatua con un chal limpio de lino y le ofrecía comida y bebida. La comida y la bebida eran colocadas a los pies de la deidad para tomar alimento espiritual. Después de eso, la estatua se distribuía entre los sacerdotes en el templo o entre los miembros de la familia en el hogar. Por la noche, tenían lugar los mismos rituales. Después de que la estatua hubiera sido alimentada, era llevada a la cama dentro del santuario.

Los principales centros de culto

Las principales deidades tenían sus propios centros de culto que tenían prácticas específicas, símbolos y oraciones. Ra fue adorado en Heliópolis. Parece que su templo era más grande que el de Karnak, pero, desafortunadamente, el sitio de la excavación no está abierto al público en este momento. Los centros de culto de Seth en Avaris y Qantir también están cerrados al público. Amón era adorado en todo el país, pero su principal centro de culto era el magnífico complejo de templos de Karnak. Afortunadamente, este lugar sí puede ser visitado, así como otros como el templo de Osiris en Abydos, el templo de Isis en Philae y el templo de Hathor en Denderah. Los tres templos principales de Horus estaban en Edfu, Kom Ombo y Heliópolis; los dos primeros están abiertos al público.

Fiestas Sagradas

Varios festivales tenían lugar todos los meses. Eran una parte crucial de la adoración. Los festivales más grandes e importantes eran los siguientes: el hermoso Festival del Valle en Tebas, cuando las familias tenían la oportunidad de festejar con sus parientes muertos; Festival de Sokar-Osiris, celebrado como un mortuorio o festival lunar en la noche, cuando las personas traían ofrendas tanto para el dios como para los muertos; Opet Festival en Tebas, que incluía una procesión desde el templo de Karnak hasta el templo de Luxor, a lo largo de la avenida de las esfinges y llevando la estatua de Amón; El Festival de la embriaguez, diferente al anterior, se celebraba en Deir el Medina y entrañaba cinco días de bebida en honor a Hathor.

Amuletos

Los amuletos se creía que tenían el poder de proteger a sus usuarios y aumentar su fuerza. Los amuletos eran figuras hechas de diferentes materiales y normalmente unidas a un collar, brazalete o anillo. Había muchos tipos diferentes de amuletos, y cada uno brindaba protección a una deidad individual contra una amenaza particular. No todos los amuletos mostraban imágenes de deidades; muchos de ellos tenían signos simbólicos y jeroglíficos y estaban relacionados con aspectos específicos de la mitología. El ankh representaba la vida eterna. Los escarabajos se asociaban con el sol, la nueva vida y el renacimiento. Creían que el Ojo de Horus protegía de todas las fuerzas del mal, tanto espirituales como físicas y, también, que los erizos ayudaban con la fertilidad y el renacimiento. Una pierna representaba la salud, porque una pierna es un elemento del signo jeroglífico para la salud. Dos dedos protegían a los cuerpos momificados. Las moscas ayudaban contra los insectos. Las ranas aseguraban la fertilidad de las mujeres. El cuadrado de un carpintero y la plomada otorgaban virtudes y estabilidad eternas.

Los amuletos también servían como símbolos de estatus. Las personas adineradas usaban amuletos hechos de materiales costosos, como fayenza, o piedras semipreciosas, como la amatista, el ónice y la cornalina.

Execración y figuras de maldición

El poder de las figuras no se limitaba a la protección. También sirvieron como un medio de destrucción. El Faraón usaba figuras de execración para devastar a los enemigos políticos del país. Las figuras representaban cautivos atados, cada uno con una lista de los enemigos tradicionales de Egipto (asiáticos, nubios, sirios, libios) en su torso. El rey en el ritual rompía las figuras y las enterraba, para asegurar la caída del enemigo. Los particulares hacían figuras de maldición para herir e inmovilizar a otra persona.

Comunicación con las Deidades

La gente tenía la posibilidad de consultar oráculos que proporcionaban respuestas a discusiones y numerosos asuntos personales y legales. Los egipcios podían hablar con oráculos en los templos o incluso en las calles, siempre que hubiera una procesión con la estatua del dios a su alrededor. Las personas o bien colocaban un mensaje escrito frente a la estatua divina en el templo o preguntaban a la estatua en la procesión, que respondía a través de los sacerdotes que la llevaban. Las respuestas tenían siempre un significado ambiguo y no cran definitivas. Las personas podían acercarse a tantos oráculos como quisieran con la misma pregunta.

La gente también soñaba con dioses individuales, pero necesitaba la ayuda de los sacerdotes para interpretar el significado de los sueños. Los sacerdotes respondían a sus inquietudes, les decían lo que se suponía que debían hacer y la gente, a su vez, hacía contribuciones al templo.

El culto de los antepasados y los humanos deificados

En las aldeas egipcias, las personas honraban a los familiares fallecidos y les pedían ayuda con los problemas cotidianos. Creían que sus antepasados tenían el poder de influir en la vida de los vivos y transmitir sus mensajes a los dioses de la otra vida. Por ello, los egipcios mantuvieron a sus muertos muy cerca, y los incluían en actividades cotidianas y comidas familiares. La mayoría de los salones tenían puertas falsas incorporadas, para permitir que el espíritu del antepasado ingresara al hogar. Además, las figuras llamadas bustos ancestrales, que representaban a los antepasados difuntos, se colocaban en santuarios domésticos y se llevaban a festivales y procesiones religiosas.

Algunas personas notables fueron veneradas ampliamente y se les pedía ayuda para asuntos como la fertilidad, el parto y el liderazgo moral. Algunos famosos humanos deificados fueron Imhotep, que en realidad era arquitecto (construyó la pirámide escalonada en Saqqara) pero fue deificado como un dios de la medicina; Senworsret III, que fundó la ciudad de Kahun para los trabajadores que trabajaban en su pirámide; Amenhotep fue adorado en Deir el Medina porque fundó el pueblo; otro Amenhotep, el visir durante el reinado del faraón Amenhotep III, fue reverenciado y adorado por su sabiduría; Horemheb fue deificado por Ramsés II, quien estaba agradecido porque Horemheb le dio el trono a su abuelo, a pesar de que no eran de la familia.

Capítulo 8 - Creencias y rituales funerarios: momificación y vida futura

Los antiguos egipcios, al igual que las personas de todos los tiempos y lugares, amaban la vida. Querían vivir para siempre y creían que podían lograr la vida eterna. De acuerdo con sus creencias, un individuo podía hacer que su vida después de la muerte fuera aún mejor y más próspera que la vida anterior, siempre y cuando estuvieran bien preparados para ello. Para ellos, la otra vida era el llamado *Campo de Juncos*, que parecía exactamente igual que el Egipto terrenal. El ciclo solar era esencial para la vida futura, porque los muertos yacían en la oscuridad primordial si no fuera por el dios del sol que los visitaba cada noche.

Los elementos de un ser humano

Un individuo, según los antiguos egipcios, se creaba a partir de seis componentes que se separaban en el momento de la muerte. Para garantizar una resurrección exitosa, estos elementos debían reunirse. Esto se lograba a través de las costumbres funerarias. Las seis partes de un ser humano eran: el ka (fuerza vital), el ba (personalidad), el akh (espíritu -la unión exitosa del ka y el ba), el nombre (identidad), la sombra (relacionado con el culto solar; si no hay sol, no hay sombra), y el cuerpo (contiene todos los elementos y necesita ser preservado a través del proceso de la momificación).

La maldición del faraón

Son las películas de Hollywood las presuntas culpables de las imágenes negativas sobre las momias, aunque no solo Hollywood contribuyó con esta visión negativa. Cuando en 1922 Howard Carter y su equipo comenzaron la excavación de la tumba de Tutankamón, utilizaron la superstición de la gente local y el mito popular de que entrar en esa tumba activaría una maldición antigua. Sabían que, si los lugareños creían que la maldición era cierta, no entrarían en la tumba por la noche. Así que, un día, un periódico inglés difundió la noticia sobre la maldición y, desde ese día, cada vez que moría una persona que resultaba ser miembro del equipo de excavación, incluso después de 20 años, la gente culpaba a la maldición. La única muerte que fue un poco incómoda fue la de Lord Carnarvon, que perdió la vida debido a una picadura de insecto infectada. La excavación no había terminado por completo en ese momento, y él fue quien la patrocinó. En el momento de su muerte, ocurrió un apagón eléctrico en El Cairo (lo que, en realidad, sucede con bastante frecuencia), y muchos interpretaron esto como un signo seguro de la maldición.

Sin embargo, a pesar de que no hay una maldición relacionada con la tumba de Tutankamón, miles de tumbas han sido excavadas en Egipto y solo dos de ellas (Harkkhuf de la sexta dinastía y Ursa del comienzo del Nuevo Reino) contienen maldiciones en sus inscripciones para protegerlas de los ladrones. Los egiptólogos e historiadores parecen estar a salvo, mientras difunden la palabra sobre la gloria de los faraones. Según la antigua doctrina religiosa egipcia, la repetición de un nombre asegura una vida después de la muerte prolongada.

La momificación en la práctica

En el período pre-dinástico, las costumbres egipcias consistían en enterrar a los muertos en pozos poco profundos en la arena del borde del desierto. Estos lugares de entierro no estaban particularmente organizados. Los cuerpos se desenvolvían y se colocaban directamente en la arena en posición fetal. Los únicos artículos funerarios en ese momento eran ollas que contenían comida y bebida. A veces, los animales desenterraban los cuerpos, que se preservaban bien de modo natural por la arena, y a los egipcios se les ocurrió la idea de garantizar la preservación de los muertos. Durante los siguientes mil años, los egipcios experimentaron con varios métodos de momificación. Los cuerpos eran enterrados dentro de grandes ollas de arcilla, en bandejas de junco poco profundas, o envueltos en pieles de animales. Estos métodos no funcionaron y los tejidos blandos se desintegraban, dado que los cuerpos estaban aislados de la arena, que los conservaba naturalmente. Los egipcios aprendieron que necesitaban preservar los cuerpos antes del entierro. El primer cuerpo momificado apropiadamente fue el del faraón Djer de la primera dinastía. No es necesario decir que la élite era la única que podía optar a la momificación, mientras que el resto del pueblo todavía seguía siendo enterrado en la arena.

Herodoto nos da una cuenta detallada del proceso de momificación y nos cuenta acerca del papel de un nuevo tipo de profesional: el embalsamador. Los embalsamadores tenían sus talleres en los cementerios locales. Los embalsamadores mayores eran sacerdotes muy respetados. El más antiguo llevaba una máscara de chacal, que representaba al dios del embalsamamiento, Anubis. Sin embargo, según Herodoto, los cuerpos de mujeres ricas y poderosas, especialmente reinas, generalmente se guardaban en sus palacios durante un par de días antes de ser llevados al taller, para evitar que los cuerpos fueran profanados.

Los faraones y, a partir del Reino Medio los nobles, querían parecerse a Osiris cuando morían. Esta solicitud involucraba un proceso más complicado y costoso, el cual entrañaba la extracción del cerebro (los egipcios creían que preservar el cerebro era innecesario, porque los pensamientos y emociones ocurrían en el corazón). Esta operación se realizaba de varias maneras, todas ellas muy creativas. El contenido del abdomen también se eliminaba, con la excepción del corazón. Este trabajo no solo era repugnante, sino también peligroso, porque el embalsamador que hacía esa parte del trabajo era expulsado del taller como parte de la ceremonia, durante la cual la gente le arrojaba piedras y le clavaba palos. El abdomen real se limpiaba con vino y especias, se rellenaba con sustancias aromáticas y lino, y finalmente se cosía. Las vísceras también se conservaban y se guardaban en jarras canópicas. Los cuerpos eran envueltos 35-40 días después de la preservación. Se usaban grandes cantidades de ropa; algunas momias eran cubiertas con más de 40 capas de la ropa más cara. Los estilos de envoltura variaron y evolucionaron con el tiempo, desde envolver cada miembro por separado en el Reino Antiguo; todas las extremidades envueltas y cubiertas con una máscara de momia en el Reino Medio; hasta llegar a colocar retratos entre los envoltorios durante la época romana.

Por supuesto, esto no fue suficiente para preservar los cuerpos. Se incluyeron medidas de seguridad adicionales en las tumbas para garantizar que nada obstruyera al difunto en su viaje hacia el renacimiento y la vida futura. Las guías contenían instrucciones que daban toda la información necesaria al difunto, y estaban inscritas en papiros, ataúdes, vendas y paredes. Los primeros textos funerarios son los textos piramidales. Fueron escritos en la cámara funeraria y antecámara de la pirámide y no incluían ninguna imagen. El color verde de los jeroglíficos representaba la regeneración. En el Reino Medio, se introdujeron los textos del ataúd, y el Nuevo Reino trajo *El Libro de los Muertos* y *Las Guías para el Más Allá*, cada uno con instrucciones detalladas y numerosos hechizos para ayudar al difunto a cambiar el lado rápidamente, así como a hacer que su nueva vida fuera lo mejor posible.

Capítulo 9 - La arquitectura del antiguo Egipto: templos y pirámides

Templos

Los templos eran las estructuras más llamativas en el antiguo paisaje egipcio. Sin embargo, el público no tenía acceso a ellos; solo los sacerdotes y la familia real podían ingresar a estos magníficos lugares. Había dos tipos de templos. Los templos de culto o casas de dios, que generalmente se encontraban en la orilla este del Nilo y la mayoría de ellos estaban dedicados a una deidad específica. Los templos funerarios, por otro lado, fueron construidos para permitir a los adoradores del rey mantener su espíritu nutrido para la otra vida. También fueron llamados templos de millones de años y se ubicaron en la orilla oeste del Nilo.

Los egipcios creían que el diseño de los templos, simplemente todo lo demás, fue definido en el pasado remoto por los dioses. Por lo tanto, nunca cambiaron el diseño de los templos, sino que construyeron versiones más y más grandes de los mismos.

El primer templo en Egipto fue construido alrededor del 3200 a.C. en Hierakonpolis, cerca de Luxor. La deidad adorada en este templo era probablemente Horus, aunque no se encontraron pruebas de esto. El templo fue construido sobre un montículo elevado de arena, que, muy probablemente, era una representación simbólica del montículo primordial. En Medamud, cerca de Tebas, había otro antiguo templo de culto, pero no se ha confirmado a qué dios se veneraba allí.

Los templos del Reino Medio eran muy simples y simétricos, pero, lamentablemente, la mayoría de ellos fueron destruidos en la antigüedad y reemplazados por otros nuevos en el Reino Nuevo. El templo de Karnak es especial, porque su diseño data del Imperio Medio, pero también presenta influencias del Imperio Nuevo. Este templo, el centro religioso más grande del mundo, fue construido durante un período de 2000 años. Es importante resaltar que el templo ideal, tradicional egipcio está diseñado en el Reino Medio. El Reino Nuevo trajo nuevas convenciones y los templos construidos durante este período fueron más estilizados que los anteriores.

Un panorama de la gran sala hipóstila en Karnak

Muchos templos se mejoraban mediante la incorporación de avenidas procesionales o avenidas de esfinges, ya que estaban alineados por las estatuas de varias esfinges, como los leones de cabeza de carnero que representaban al dios Amón; leones con cabeza de halcón, que representaban a Horus; leones con cabeza humana que representaban al faraón que los construyó; esfinges con la cabeza de un cocodrilo (que representa al dios Sobek), chacal (Anubis) o serpiente (la diosa de la cobra Wadjet). Las últimas esfinges fueron encontradas solo en un templo: el templo mortuorio de Amenhotep III en Luxor. La avenida procesional más conocida es la que se encuentra entre los templos de Luxor y Karnak. Muchos otros templos, como Abu Simbel en Nubia, también tenían tales avenidas, pero, desafortunadamente, no se han conservado.

Durante las festividades religiosas, los sacerdotes caminaban por las avenidas llevando la barca sagrada sobre sus hombros, pero el público no podía verlos. Detrás de las dos filas de esfinges, también había una pared. Era complicado entrar al templo. La entrada siempre estaba en el punto más bajo del templo, y los sacerdotes tenían que seguir un sistema bastante complejo de escaleras o rampas para llegar al santuario, que siempre estaba ubicado en la parte posterior.

Templo de Philae[12]

Debido a que los templos eran inaccesibles para el público, no era fácil entrar en ellos. El exterior del templo era poco atractivo por diseño y todos los templos estaban rodeados por enormes paredes, hechas de ladrillos de barro, que a veces tenían más de 10 metros de ancho. Estas barreras mantuvieron a las personas fuera de manera eficiente, pero también ofrecieron protección en tiempos de guerra o conflicto para la familia real y los sacerdotes.

La parte más importante de un templo era el santuario, el sanctasanctórum o el Lugar Santísimo, que estaba ubicado en el punto más alto del templo. Las únicas personas a las que se les permitía entrar al santuario eran al rey y al sumo sacerdote. Dentro de este, un altar con un pequeño santuario con puertas doradas o de bronce protegía la estatua de culto. Para los egipcios, esta estatua no era solo una representación del dios, era el hogar del espíritu del dios. Es por eso que el acceso a la estatua estaba estrictamente prohibido para la población.

Cada templo representaba el universo. Cada santuario simbolizaba el montículo primordial. Además, un lago secreto dentro de cada templo representaba las aguas primordiales. El agua se usaba para la purificación de los sacerdotes y el templo, así como en las ofrendas rituales.

No es fácil para los visitantes de hoy imaginar cómo fueron originalmente los templos. Las ruinas existentes aparecen como lugares abiertos y brillantes. Sin embargo, esta impresión está muy lejos de cómo se veían los templos en la antigüedad. Todas las áreas del templo, excluyendo el lago sagrado y la primera sala con pilares, estaban cubiertas con pesados techos de piedra. Las puertas eran grandes, pesadas y extremadamente difíciles de penetrar. No había ventanas. La luz entraba a través de pequeños agujeros dentro de los bloques del techo o de rejas de piedra en las paredes. En ocasiones especiales, los sacerdotes usaban lámparas de aceite. El interior de un templo era, sin duda, un lugar oscuro y sombrío.

Un complejo del templo contenía muchas dependencias que eran importantes para su correcto funcionamiento. Estas dependencias incluían las tiendas, las cocinas, las casas para los sacerdotes, los establos y, desde el período ptolemaico, el mammissi (casa de nacimiento) y el sanatorio.

La estatua en el santuario no era el único objeto sagrado que mostraba devoción a los dioses. Los faraones también utilizaron decoración pintada o tallada, numerosas estatuas y obeliscos. Los obeliscos eran estructuras altas, en forma de aguja hechas de un solo bloque de piedra, y cada templo tenía al menos dos de ellos.

Todas las actividades rituales dentro del templo estaban relacionadas con la estatua secreta en el santuario. El faraón era formalmente el sumo sacerdote de todos los cultos en todos los templos de Egipto. Su deber era realizar todos los rituales esenciales requeridos para mantener el orden cósmico, o Maat. Si el rey descuidara su deber hacia los dioses, el país caería en un estado de caos, incluyendo inundaciones, hambre o invasiones. El faraón, sin embargo, delegaba este deber. Cada templo tenía un sumo sacerdote por separado, pero estos sacerdotes lo hacían todo en nombre del rey y no por su cuenta.

Tumbas

Egipto es famoso por sus lugares de entierro, pirámides y tumbas, ambas denominadas Casas de la Eternidad, en el Valle de los Reyes. Las tumbas del Valle se desarrollaron como resultado de los periodos de evolución provocados por el cambio de las prioridades religiosas y los crecientes riesgos de seguridad. Todos estaban destinados a perdurar hasta la eternidad, como un hogar para los difuntos en la otra vida. Ninguno de ellos está realmente completo. Ninguna tumba en el Valle de los Reyes o en todo Egipto está terminada. Algunas de ellas fueron talladas completamente de la roca y nunca decoradas. Otras habían sido dibujadas, pero la talla nunca comenzó. Muchas tumbas daban la impresión de estar completadas, pero faltaban las inscripciones o las imágenes. El trabajo en la mayoría de los casos probablemente fue interrumpido por la muerte del destinatario previsto. Además, completar una tumba sería reclamar la perfección, y parece que los antiguos arquitectos egipcios no estaban dispuestos a abogar por este principio.

Según el estilo, los egiptólogos a veces pueden distinguir el período en que se construyó una tumba. Sin embargo, literalmente todas las tumbas fueron robadas en la antigüedad. A veces, el sacerdote tenía que mover los cuerpos a otros edificios para evitar más violaciones. Varias tumbas no contienen ni los cuerpos ni los ajuares.

Pirámides

Las pirámides se convirtieron en el sinónimo del antiguo Egipto hace mucho tiempo. Estas estructuras fueron retratadas en muchos libros y películas populares, pero no siempre en la forma en que lo merecen.

La función de las pirámides siempre fue funeraria, pero los detalles cambiaron con el tiempo. En el Reino Antiguo y Medio, las pirámides sirvieron como tumbas, que también mostraron la riqueza y el estado del difunto. En el Reino Nuevo, las pirámides eran más pequeñas y se utilizaron para zanjar el problema de una tumba. No estaban funcionando como lugares de entierro.

La forma de la pirámide es significativa en sí misma. Es, de hecho, una estilización del montículo primordial, llamado benben, que estaba estrechamente asociado con el dios del sol. La forma piramidal se pensaba que se parecía a los rayos del sol. Además, los Textos de las Pirámides se refieren a la pirámide como una rampa que conduce al cielo, lo que le permite al difunto faraón unirse a sus antepasados.

La primera pirámide fue construida en Meidum, cerca del Cairo actual, por el primer faraón de la cuarta dinastía, llamado Sneferu. La cámara funeraria de esta pirámide nunca se llegó a completar y, lo más probable, es que Snefery estuviera enterrado en una de las dos pirámides restantes que construyó. Esas pirámides se encuentran en Dashur y se conocen como la Pirámide Doblada (debido a un cambio en el diseño que salió mal) y la Pirámide Roja o del Norte. Esta última fue la primera pirámide construida con éxito. Todavía existe emplazada en Dashur, y es enorme; solo la Gran Pirámide de Khufu en Giza es más grande que ella.

Khufu, el hijo de Sneferu, superó el proyecto de su padre con su pirámide en el nuevo sitio de Giza, llamado la Gran Pirámide. Fue catalogado como una de las siete maravillas del mundo antiguo. Los cuerpos de las tres reinas de Keops fueron enterrados en tres pirámides satelitales ubicadas en las proximidades, al este de la pirámide principal. El complejo de la pirámide todavía atrae a un gran número de turistas de todo el mundo. Khafra, el hijo de Khufu, sabía que no podía competir con la monumentalidad de la pirámide de su padre, y, en su lugar, hizo algo más. Colocó su construcción en un área más alta, lo que le dio la apariencia de ser más grande, aunque no lo es. El siguiente faraón enterrado en la meseta de Giza fue Menkaura. Su pirámide no es tan grande como las dos anteriores, pero estaba hecha de granito y piedra caliza y, por lo tanto, es muy valiosa. Por otro lado, los templos de Menkaura eran más grandes que los de sus antepasados. Otra construcción monumental en la meseta de Giza es la esfinge gigante con un cuerpo de león y una cabeza humana, que, obviamente, tenía la función de guardián.

Los faraones de la quinta dinastía, Unas y Djoser, construyeron sus pirámides en Saqqara. Mientras que el complejo piramidal de Unas representa un ejemplo perfecto de la forma completamente desarrollada, la pirámide de Djoser está mejor conservada.

En el Reino Medio, muchos reyes tenían complejos en sitios como Dashur, Lisht, El Lahur y Hawara. En el Reino Nuevo, sin embargo, los faraones ya no eran enterrados en las pirámides. Usaron tumbas secretas excavadas en la roca. El último desarrollo en la evolución de la pirámide ocurrió en Abydos y Tebas durante el reinado de los faraones de la 26º dinastía. Ya no se construyeron nuevas pirámides notables en aquel entonces, pero muchas de las antiguas aún perduran para recordarle a la humanidad su intemporalidad.

Conclusión: excitantes excavaciones y egiptomanía global: ¿por qué estamos tan obsesionados con el antiguo Egipto?

Egipto ha tenido un encanto distintivo desde los tiempos de los antiguos griegos y romanos, los cuales se referían a Egipto como una civilización mucho más antigua, llena de monumentos e inscripciones maravillosas y misteriosas. Parecían creer que la cultura egipcia había surgido completamente desarrollada y había desaparecido de forma abrupta.[13] Sin embargo, su historia de 3000 años arroja una larga sombra en los siglos posteriores que todavía podemos sentir hoy. La fascinación por el antiguo Egipto continuó en el Renacimiento y floreció en la época de Napoleón, cuando se descubrió la famosa Piedra de Rosetta. En 1822, Champollion identificó y descifró las inscripciones en la piedra, desvelando de ese modo los secretos de la historia del antiguo Egipto. En el siglo XIX, casi todas las personas notables viajaron por el Nilo, incluidos Gustave Flaubert y Ulysses S. Grant. El interés había sido generado por la traducción de la Piedra Rosetta, que finalmente reveló la mayor parte de lo que sabemos de la historia del antiguo Egipto. La mayoría, pero no todo. La verdadera obsesión había comenzado un año después, en 1922, cuando magníficos artefactos fueron exhumados de la tumba de Tutankamón.

A finales de noviembre de 1922, el egiptólogo inglés Howard Carter, acompañado por su patrón, George Herbert, quinto conde de Carnarvon, su hija, Lady Evelyn, y el amigo de Carter, el ingeniero Arthur Callender, descubrieron una tumba intacta de la época conocida como El Nuevo Reino, un periodo de poderosos faraones y hermosas reinas. Esa era la última tumba escondida en el Valle de los Reyes, y la más atractiva. Sus sellos permanecieron intactos desde los tiempos antiguos, y contenía tesoros de lujo inconcebible. Los jeroglíficos en muchos de los objetos claramente deletrearon el nombre del dueño de la tumba: Tut-ankh-Amun. La entidad del rey descansaba dentro, después de haber permanecido inalterable durante el largo período de treinta y tres siglos.

Réplica de la máscara dorada de Tutankamón en el Museo Egipcio
14

El mayor descubrimiento en la historia de la egiptología se había realizado, y fue el primer gran descubrimiento arqueológico cubierto por la prensa mundial. Los titulares de los periódicos captaron la imaginación del público y generaron una ola de interés popular por los tesoros de los faraones. Pero fue solo el comienzo. Pasó un año antes de que fuera possible levantar la tapa de un cuarto de tonelada del colosal sarcófago de piedra del faraón. Dentro del sarcófago, tres ataúdes anidados complementaban los cuatro santuarios dorados para proteger el cuerpo del rey. Todos los ataúdes estaban llenos de amuletos preciosos y objetos de ritual, y el ataúd más profundo estaba hecho de oro puro. Los restos momificados del rey niño, así como su asombrosa máscara funeraria, probablemente el artefacto más espléndido jamás recuperado de una antigua civilización[15], fueron revelados tres años después del descubrimiento inicial. Mientras tanto, el conde de Carnarvon había muerto por envenenamiento de la sangre y se había generado el origen de las historias que involucraban la maldición del faraón.

La fascinación global por la civilización egipcia antigua perduró y todavía sigue presente. Según el autor de "Egyptomania", la obsesión se basa "en el hecho de que es a la vez confortablemente familiar e intrigantemente exótica".[16]

Referencias

[1] Esta cronología general es ampliamente aceptada; fuente: Clayton, Peter, Crónica de los faraones, Támesis y Hudson Press.

[2] Wilkinson.

[3] La Sátira de los Oficios, o La Instrucción de Dua-Kheti, es una Instrucción de un escriba llamado Dua-Kheti para su hijo Pepi. La transcripción del alfabeto egipcio y la traducción al inglés están disponibles en línea: http://www.ucl.ac.uk/museums-static/digitalegypt//literature/satiretransl.html Acceso el 13 de enero de 2018.

[4] Diferentes fuentes ofrecen diferentes años. Ahora se sabe que Narmer unió Egipto en algún momento entre el 3100 y el 2950 a.C.

[5] El texto original está disponible en línea en http://www.reshafim.org.il/ad/egypt/texts/ipuwer.htm Acceso el 17 de enero de 2018.

[6] Una estatua colosal de Akenatón de su templo de Atón en Karnak. Museo Egipcio de El Cairo. Imagen cortesía de Gérard Ducher, fuente: Wikimedia Commons.

[7] Imagen cortesía del Museo de Arqueología de Estambul.

[8] La narración mítica primordial según Geraldine Pinch, Mito egipcio, Una muy breve introducción, Oxford University Press, 2004.

[9] Wilkinson (Rise and Fall of Ancient Egypt) asocia el mito de Nun con el Nilo: el agua que literalmente siempre ha sido la fuente de vida.

[10] Pellizco.

[11] Wilkinson.

[12] Imagen cortesía de Marc Ryckaert, fuente: Wikimedia Commons.

[13]Fritze, Ronald H., Egyptomania: Una historia de fascinación, obsesión y fantasía, Reaktion Books/University of Chicago Press, 2016.

[14]Imagen cortesía de Carsten Frenzl, Flickr - a través de Wikimedia Commons   https://commons.wikimedia.org/wiki/File:TUT-Ausstellung_FFM_2012_47_(7117819557).jpg

[15]Wilkinson, Toby, El ascenso y la caída del antiguo Egipto, Random House, 2011.

[16]Fritze.

Made in the USA
Las Vegas, NV
22 September 2022